W0389203

Rund um Kästner

Kopiervorlagen für den Deutschunterricht

Erarbeitet von
Petra Bowien, Michaela Greisbach, Claudia Kraus,
Guido König, Elvira Langbein, Rosemarie Lange,
Angelika Rakowski, Claudia Rosenthal, Elke Wellmann,
Helmut Weyand und Dorothee Weymann

Cornelsen

Bildquellenverzeichnis

S. 3: Erich Kästner Archiv, RA Peter Beisler, München
S. 4: Illustration: Walter Trier. Aus: Emil und die Detektive. © Atrium Verlag, Zürich
S. 6: Erich Kästner Archiv, RA Peter Beisler, München
S. 12: Illustration (Pippi): Margit Pawle, München; Fotos: dpa, Frankfurt/M. (Einstein, Mandela); Bongarts/A. Hassenstein, Hamburg; Ullstein Bilderdienst, Berlin (Madonna, Mutter Teresa); Illustration (Gustav): Walter Trier. Aus: Emil und die Detektive. © Atrium Verlag, Zürich
S. 13: Bildarchiv Preußischer Kulturbesitz, Berlin
S. 14: Bildarchiv Preußischer Kulturbesitz, Berlin; Ullstein Bilderdienst, Berlin; Erich Kästner Archiv, RA Peter Beisler, München
S. 15: Archiv für Kunst und Geschichte, Berlin; Erich Kästner Archiv, RA Peter Beisler, München (2); Ullstein Bilderdienst, Berlin
S. 16: Ullstein Bilderdienst, Berlin (2); Erich Kästner Archiv, RA Peter Beisler, München
S. 17: Ullstein Bilderdienst, Berlin; Erich Kästner Archiv, RA Peter Beisler, München
S. 18: Illustrationen: Horst Lemke. Aus: Als ich ein kleiner Junge war. © Atrium Verlag Zürich, 1957
S. 19: Ullstein Bilderdienst, Berlin
S. 20: Illustration: Horst Lemke. Aus: Als ich ein kleiner Junge war. © Atrium Verlag, Zürich
S. 23: Illustration: Erich Ohser. © Christian H. Ohser, Düsseldorf
S. 24: Ullstein Bilderdienst, Berlin
S. 25: Archiv für Kunst und Geschichte, Berlin
S. 26: Erich Kästner Archiv, RA Peter Beisler, München
S. 28: Erich Ohser. © Christian H. Ohser, Düsseldorf
S. 29: Archiv für Kunst und Geschichte, Berlin
S. 31: Erich Kästner Archiv, RA Peter Beisler, München
S. 32: Erich Kästner Archiv, RA Peter Beisler, München
S. 34: Erich Kästner Archiv, RA Peter Beisler, München
S. 36–37: Cover-Abbildungen: Das doppelte Lottchen; Doktor Erich Kästners Lyrische Hausapotheke; Bei Durchsicht meiner Bücher; Pünktchen und Anton; Die Konferenz der Tiere; Das fliegende Klassenzimmer; Emil und die Detektive. © Atrium Verlag, Zürich
S. 38: Illustration: Walter Trier. © Atrium Verlag, Zürich
S. 39: Illustration: Barbara Schumann, Berlin
S. 40, 43, 44: Illustration: Walter Trier. © Atrium Verlag, Zürich
S. 46: © Atrium Verlag, Zürich
S. 48: Illustration: Walter Trier. Aus: Das doppelte Lottchen. © Atrium Verlag, Zürich
S. 49, 50: pwe Kinoarchiv, Hamburg
S. 51–53: Illustrationen: Walter Trier. © Atrium Verlag, Zürich
S. 55: Illustration: Barbara Schumann, Berlin
S. 59: Illustration: Barbara Schumann, Berlin
S. 60: Erich Kästner Archiv, RA Peter Beisler, München
S. 64: Illustration: Barbara Schumann, Berlin
S. 67: Theodor-Storm-Gesellschaft, Husum
S. 68: Stadt- und Universitätsbibliothek Frankfurt a. Main

Redaktion: Ursula Rensmann
Technische Umsetzung: Fred-Michael Sauer, Berlin

Cornelsen online http://www.cornelsen.de

1. Auflage ✔ Druck 4 3 2 1 Jahr 03 02 01 2000

Druck: Saladruck, Berlin

ISBN 3-464-12173-9

Bestellnummer 121739

gedruckt auf säurefreiem Papier, umweltschonend hergestellt aus chlorfrei gebleichten Faserstoffen

Inhaltsverzeichnis

Vorwort

Erich Kästner ist einer der bekanntesten und beliebtesten Kinderbuchautoren Deutschlands. Auch noch heute, rund 70 Jahre nach Erscheinen seines ersten und bekanntesten Romans für Kinder, „Emil und die Detektive“, steht er auf der Liste der für den Vorlesewettbewerb der 6. Klassen ausgewählten Autorinnen und Autoren regelmäßig unter den ersten zehn. Die neuen Verfilmungen seiner Kinderbücher, „Charlie und Luise“ („Das doppelte Lottchen“) und „Pünktchen und Anton“, erwiesen sich als Kassenerfolge.
Doch Kästner ist mehr als „nur“ ein Kinderbuchautor. Kästner als kritischer Zeitzeuge, als Autor skandalträchtiger Gedichte, als Mahner, Erzieher und – wie er selbst sagt – als Moralist: Dies sind Facetten, die die Sammlung „Rund um Kästner“ ebenfalls beleuchten will.
Dabei lässt sich Kästners Leben nicht von den einschneidenden Ereignissen des 20. Jahrhunderts trennen. Deshalb nehmen Kästners Lebenslauf und die Betrachtung der Zeitgeschichte in diesem Heft einen breiten Raum ein (S. 13 ff.).
Wie sah Kästner sich, wie wurde er von anderen gesehen? In Reden, Gedichten und Fotos wird der Autor, aber auch der Mensch Kästner beleuchtet (S. 30 ff.). Besonders sein Werk soll für ihn sprechen. Dabei wurden Prosatexte ebenso berücksichtigt wie Gedichte des Zeitkritikers Kästner. Mal ohne Schluss, mal mit Lücken zum Zusammenpuzzeln fordern die Texte zur besonderen Auseinandersetzung mit Kästner auf. Der Vergleich mit Werken Storms führt zur kontrastiven Betrachtung (S. 65 ff.).
Doch das alles sind nur einzelne Beispiele für ein breites Spektrum, das den Zugang zu einem zwar bekannten, als „bloßer“ Kinderbuchautor aber verkannten Schriftsteller bereiten soll.

Methodische Hinweise

Die Kopiervorlagen in diesem Heft können sowohl einzeln eingesetzt als auch zu Unterrichtseinheiten kombiniert werden. Dazu wurden die Kopiervorlagen zu Themenkreisen zusammengestellt. Da, wo die Textmenge es erforderlich macht, mehr als eine Seite für eine Aufgabe zu verwenden, wird der Hinweis *Fortsetzung auf Seite ...* bzw. *Fortsetzung von Seite ...* gegeben. Welche Seiten Sie für Ihren Unterricht tatsächlich auswählen, hängt von verschiedenen Faktoren ab:

- Welchen Wissensstand haben die Schülerinnen und Schüler?
- Welche Differenzierung ist aufgrund der Leistungsunterschiede innerhalb der Klasse notwendig? (Die verschiedenen Kopiervorlagen lassen sich zur Binnendifferenzierung nutzen.)
- Welche Unterrichtsmethoden sind in der Klasse bisher schon eingeführt? (Zusammen mit den Lösungen können viele Arbeitsblätter für Gruppen- und Freiarbeit eingesetzt werden.)

Eine Empfehlung, welches Arbeitsblatt in welcher Jahrgangsstufe zu verwenden ist, möchten wir nicht geben. Grundsätzlich wurden die Arbeitsblätter für die Sekundarstufe I konzipiert. Sicher können einige Arbeitsblätter aber auch in der Oberstufe verwendet werden. Durch die unterschiedliche Herangehensweise der einzelnen Altersstufen an bestimmte Aufgaben kann sich das Ergebnis dann zwar leicht unterscheiden, Gewinn bringend ist die Beschäftigung mit dem Thema aber zu jeder Zeit.

Ansprache zum Schulbeginn

Liebe Kinder,

da sitzt ihr nun, alphabetisch oder nach der Größe sortiert, zum ersten Mal auf diesen harten Bänken und hoffentlich liegt es nur an der Jahreszeit, wenn ihr mich an braune und blonde, zum Dörren aufgefädelte Steinpilze erinnert. Statt an Glückspilze, wie sich's gehörte. Manche von euch rutschen unruhig hin und her, als säßen sie auf Herdplatten. Andre hocken wie angeleimt auf ihren Plätzen. Einige kichern blöde, und der Rotkopf in der dritten Reihe starrt, Gänsehaut im Blick, auf die schwarze Wandtafel, als sähe er in eine sehr düstere Zukunft.

Euch ist bänglich zumute und man kann nicht sagen, dass euer Instinkt tröge. Eure Stunde X hat geschlagen. Die Familie gibt euch zögernd her und weiht euch dem Staate. Das Leben nach der Uhr beginnt und es wird erst mit dem Leben selber aufhören. Das aus Ziffern und Paragraphen, Rangordnung und Stundenplan eng und enger sich spinnende Netz umgarnt nun auch euch. Seit ihr hier sitzt, gehört ihr zu einer bestimmten Klasse. Noch dazu zur untersten. Der Klassenkampf und die Jahre der Prüfungen stehen bevor. Früchtchen seid ihr und Spalierobst müsst ihr werden! Aufgeweckt wart ihr bis heute und einwecken wird man euch ab morgen! So, wie man's mit uns getan hat. Vom Baum des Lebens in die Konservenfabrik der Zivilisation, – das ist der Weg, der vor euch liegt. Kein Wunder, dass eure Verlegenheit größer ist als eure Neugierde.

Hat es den geringsten Sinn, euch auf einen solchen Weg Ratschläge mitzugeben? Ratschläge noch dazu von einem Manne, der, da half kein Sträuben, genau so „nach Büchse" schmeckt wie andere Leute auch? Lasst es ihn immerhin versuchen und haltet ihm zugute, dass er nie vergessen hat, noch je vergessen wird, wie eigen ihm zumute war, als er selber zum ersten Mal in der Schule saß. In jenem grauen, viel zu groß geratenen Ankersteinbaukasten. Und wie es ihm damals das Herz abdrückte. Damit wären wir schon beim wichtigsten Rat angelangt, den ihr euch einprägen und einhämmern solltet wie den Spruch einer uralten Gedenktafel:

Lasst euch die Kindheit nicht austreiben! Schaut, die meisten Menschen legen ihre Kindheit ab wie einen alten Hut. Sie vergessen sie wie eine Telefonnummer, die nicht mehr gilt. Ihr Leben kommt ihnen vor wie eine Dauerwurst, die sie allmählich aufessen, und was gegessen worden ist, existiert nicht mehr. Man nötigt euch in der Schule eifrig von der Unter- über die Mittel- zur Oberstufe. Wenn ihr schließlich droben steht und balanciert, sägt man die „überflüssig" gewordenen Stufen hinter euch ab und nun könnt ihr nicht mehr zurück! Aber müsste man nicht in seinem Leben wie in einem Hause treppauf und treppab gehen können? Was soll die schönste erste Etage ohne den Keller mit den duftenden Obstborten und ohne das Erdgeschoss mit der knarrenden Haustür und der scheppernden Klingel? Nun – die meisten leben so! Sie stehen auf der obersten Stufe, ohne Treppe und ohne Haus, und machen sich wichtig. Früher waren sie Kinder, dann wurden sie Erwachsene, aber was sind sie nun? Nur wer erwachsen wird und Kind bleibt, ist ein Mensch! Wer weiß, ob ihr mich verstanden habt. Die einfachen Dinge sind so schwer begreiflich zu machen! Also gut, nehmen wir etwas Schwierigeres, womöglich begreift es sich leichter. Zum Beispiel:

Haltet das Katheder weder für einen Thron noch für eine Kanzel! Der Lehrer sitzt nicht etwa deshalb höher, damit ihr ihn anbetet, sondern damit ihr einander besser sehen könnt. Der Lehrer ist kein Schulwebel und kein lieber Gott. Er weiß nicht alles und er kann nicht alles wissen. Wenn er trotzdem allwissend tut, so seht es ihm nach, aber glaubt es ihm nicht! Gibt er hingegen zu, dass er nicht alles weiß, dann liebt ihn! Denn dann verdient er eure Liebe. Und da er im Übrigen nicht eben viel verdient, wird er sich über eure Zuneigung

Fortsetzung auf Seite 7

Fortsetzung von Seite 6

Ansprache zum Schulbeginn

von Herzen freuen. Und noch eins: Der Lehrer ist kein Zauberkünstler, sondern ein Gärtner. Er kann und wird euch hegen und pflegen. Wachsen müsst ihr selber!

Nehmt auf diejenigen Rücksicht, die auf euch Rücksicht nehmen! Das klingt selbstverständlicher, als es ist. Und zuweilen ist es furchtbar schwer. In meine Klasse ging ein Junge, dessen Vater ein Fischgeschäft hatte. Der arme Kerl, Breuer hieß er, stank so sehr nach Fisch, dass uns anderen schon übel wurde, wenn er um die Ecke bog. Der Fischgeruch hing in seinen Haaren und Kleidern, da half kein Waschen und Bürsten. Alles rückte von ihm weg. Es war nicht seine Schuld. Aber er saß, gehänselt und gemieden, ganz für sich allein, als habe er die Beulenpest. Er schämte sich in Grund und Boden, doch auch das half nichts. Noch heute, fünfundvierzig Jahre danach, wird mir flau, wenn ich den Namen Breuer höre. So schwer ist es manchmal, Rücksicht zu nehmen. Und es gelingt nicht immer. Doch man muss es stets von neuem versuchen.

Seid nicht zu fleißig! Bei diesem Ratschlag müssen die Faulen weghören. Er gilt nur für die Fleißigen, aber für sie ist er sehr wichtig. Das Leben besteht nicht nur aus Schularbeiten. Der Mensch soll lernen, nur die Ochsen büffeln. Ich spreche aus Erfahrung. Ich war als kleiner Junge auf dem besten Wege, ein Ochse zu werden. Dass ich's, trotz aller Bemühung, nicht geworden bin, wundert mich heute noch. Der Kopf ist nicht der einzige Körperteil. Wer das Gegenteil behauptet, lügt. Und wer die Lüge glaubt, wird, nachdem er alle Prüfungen mit Hochglanz bestanden hat, nicht sehr schön aussehen. Man muss nämlich auch springen, turnen, tanzen und singen können, sonst ist man, mit seinem Wasserkopf voller Wissen, ein Krüppel und nichts weiter.

Lacht die Dummen nicht aus! Sie sind nicht aus freien Stücken dumm und auch nicht zu eurem Vergnügen. Und prügelt keinen, der kleiner und schwächer ist als ihr! Wem das ohne nähere Erklärung nicht einleuchtet, mit dem möchte ich nichts zu tun haben. Nur ein wenig warnen will ich ihn. Niemand ist so gescheit oder so stark, dass es nicht noch Gescheitere und Stärkere als ihn gäbe. Er mag sich hüten. Auch er ist, vergleichsweise, schwach und ein rechter Dummkopf.

Misstraut gelegentlich euren Schulbüchern! Sie sind nicht auf dem Berge Sinai entstanden, meistens nicht einmal auf verständige Art und Weise, sondern aus alten Schulbüchern, die aus alten Schulbüchern entstanden sind, die aus alten Schulbüchern entstanden sind, die aus alten Schulbüchern entstanden sind. Man nennt das Tradition. Aber es ist ganz etwas anderes. Der Krieg zum Beispiel findet heutzutage nicht mehr wie in Lesebuchgeschichten statt, nicht mehr mit geschwungener Plempe[1] und auch nicht mehr mit blitzendem Kürass[2] und wehendem Federbusch wie bei Gravelotte[3] und Mars-la-Tour[3]. In manchen Lesebüchern hat sich das noch nicht herumgesprochen. Glaubt auch den Geschichten nicht, worin der Mensch in einem fort gut ist und der wackre Held vierundzwanzig Stunden am Tage tapfer! Glaubt und lernt das, bitte, nicht, sonst werdet ihr euch, wenn ihr später ins Leben hineintretet, außerordentlich wundern! [...]

Da sitzt ihr nun, alphabetisch oder nach der Größe geordnet, und wollt nach Hause gehen. Geht heim, liebe Kinder! Wenn ihr etwas nicht verstanden haben solltet, fragt eure Eltern! Und, liebe Eltern, wenn Sie etwas nicht verstanden haben sollten, fragen Sie Ihre Kinder!

Aus: „Die kleine Freiheit", Chansons und Prosa 1949–1952, Kabarettprogramm

[1]Plempe = kurzer, breiter Degen
[2]Kürass = Harnisch, Brustpanzer
[3]Gravelotte und Mars-la-Tour = nach den Orten ihrer Austragung benannte Schlachten im August 1870 im deutsch-französischen Krieg 1870/71

Aufgaben

1. Lies Kästners Rede zunächst leise und halte sie dann – ganz oder im Ausschnitt – als Ansprache vor der Klasse. Unterstreiche vorher wichtige Kernwörter und -sätze, die du besonders betonen willst. Achte bei deiner Rede auf passende Gestik und Mimik.
2. Stimmen Kästners Ratschläge, Beispiele und Begründungen aus den 50er Jahren auch heute noch? Würdest du etwas ändern bzw. anders formulieren?
3. Schreibe eine parallele Ansprache zum Schuljahresbeginn: *Liebe Lehrerinnen und Lehrer, ...*

Sprüche-Salat

Merk dir, du Schaf,
weil es immer gilt:

Wir sitzen nicht auf Thronen.
Uns schmeichelt nur der Wind.

Den Kopf, der dir ans Herz gewachsen ist,
wird's schon nicht kosten.

Ist der Mensch nicht eine Plage?
Und erst recht, wenn man ihn liebt?

Sie war eins der reizendsten Dinger
und gar keine Dame von Stand.

Schlagt eure Zeit nicht tot.

Wir haben dennoch Kronen,
die schöner als eure sind.

Ob vom Kölner Dom, ob vom Zirkuszelt,
ob vom Dach einer Dampfwäscherei –

Gott, verzeih mir diese Frage!
Tu's auch, wenn es Dich nicht gibt.

Denkt an das fünfte Gebot:

Man gab ihr den kleinen Finger,
und sie nahm die ganze Hand.

Der Fotograf
ist nie auf dem Bild.

für den Arbeiter, der herunterfällt,
ist das völlig einerlei.

Sei traurig, wenn du traurig bist,
und steh nicht stets vor deiner Seele Posten!

Aufgaben

1. Setzt die Teile in Partnerarbeit zusammen! (Lösungen S. 79)
2. Welcher Spruch gefällt dir am besten? Begründe.
3. Ein Titel rundet einen Spruch ab. Beispiel:

   Moral
   Es gibt nichts Gutes
   außer: Man tut es.

   Suche zu den Sprüchen passende Überschriften. Vergleiche mit denen, die Kästner erfunden hat. (Lösungen S. 79)

Epigramme: Kurz und bündig

Präzision
Wer was zu sagen hat,
hat keine Eile.
Er lässt sich Zeit und sagt's
in einer Zeile.

Folgenschwere Verwechslung
Der Hinz und der Kunz
sind rechte Toren:
Lauschen offenen Munds,
statt mit offenen Ohren!

Eine Mutfrage
Wer wagt es,
sich den donnernden Zügen entgegenzustellen?
Die kleinen Blumen
zwischen den Eisenbahnschwellen!

Was auch geschieht
Was auch immer geschieht:
Nie dürft ihr so tief sinken,
von dem Kakao, durch den man euch zieht,
auch noch zu trinken!

Sokrates zugeeignet
Es ist schon so: Die Fragen sind es,
aus denen das, was bleibt, entsteht.
Denkt an die Frage jenes Kindes:
„Was tut der Wind, wenn er nicht weht?"

Die Grenzen der Aufklärung
Ob Sonnenschein, ob Sterngefunkel:
Im Tunnel bleibt es immer dunkel.

Der schöpferische Irrtum
Irrtümer haben ihren Wert;
jedoch nur hie und da.
Nicht jeder, der nach Indien fährt,
entdeckt Amerika.

Deutsche Gedenktafel 1938
Hier starb einer, welcher an die Menschheit glaubte.
Er war dümmer, als die Polizei erlaubte.

Seltsame Begegnung
Sonst ist einer der Herr Doktor
und ein andrer der Klient.
Wer sich selbst erzieht, ist beides:
Selber Arzt und selbst Patient.

Das Verhängnis
Das ist das Verhängnis:
Zwischen Empfängnis
und Leichenbegängnis
nichts als Bedrängnis.

Nur Geduld
Das Leben, das die meisten führen,
zeigt ihnen, bis sie's klar erkennen:
Man kann sich auch an offnen Türen
den Kopf einrennen.

Der Gegenwart ins Gästebuch
Ein guter Mensch zu sein gilt hierzulande
als Dummheit, wenn nicht gar als Schande.

Aufgaben

1. Lies die Epigramme von Erich Kästner. Es kommen darin folgende Redewendungen vor: „offene Türen einrennen", „jemanden durch den Kakao ziehen", „dümmer sein, als die Polizei erlaubt", „mit offenem Mund lauschen". Was bedeuten sie?

2. Mache dir Inhalt und Form dieser Textsorte an den Beispielen klar. Vergleiche deine Ergebnisse mit der Begriffsbestimmung im Lösungsteil (S. 79).

3. Suche dir ein Epigramm aus und erfinde eine Geschichte dazu, an deren Ende als Zusammenfassung das Epigramm stehen kann.

4. Versucht in Partnerarbeit zu sprichwörtlichen Redensarten Epigramme zu schreiben, z. B.:
   Da lachen ja die Hühner ... – Da kräht kein Hahn danach ... – Das interessiert kein Schwein ...

Die vier archimedischen Punkte

Kleine Neujahrs-Ansprache vor jungen Leuten

In den Wochen vor und nach der Jahreswende pflegt es Ansprachen zu schneien. Sie senken sich sanft, mild und wattig auf die raue Wirklichkeit, bis diese einer wärmstens empfohlenen, überzuckerten und ozonreichen[1] Winterlandschaft gleicht. [...]
Was war, wird nicht besser, indem man's nachträglich lobt. Und das, was kommt, mit frommen Wünschen zu garnieren, ist Konditorei, nichts weiter. Es hat keinen Sinn, sich und einander die Taschen voll zu lügen. Sie bleiben leer. Es hat keinen Zweck, die Bilanz zu frisieren. Wenn sie nicht stimmt, helfen keine Dauerwellen. Rundheraus: Das alte Jahr war keine ausgesprochene Postkartenschönheit, beileibe nicht. Und das neue? Wir wollen's abwarten. Wollen wir's abwarten? Nein. Wir wollen es nicht abwarten! Wir wollen nicht auf gut Glück und auf gut Wetter warten, nicht auf den Zufall und den Himmel harren, nicht auf die politische Konstellation und die historische Entwicklung hoffen, nicht auf die Weisheit der Regierungen, die Intelligenz der Parteivorstände und die Unfehlbarkeit aller übrigen Büros. Wenn Millionen Menschen nicht nur neben-, sondern miteinander leben wollen, kommt es aufs Verhalten der Millionen, kommt es auf jeden und jede an, nicht auf Instanzen. Das klingt wie ein Gemeinplatz und es ist einer. Wir müssen unser Teil Verantwortung für das, was geschieht, und für das, was unterbleibt, aus der öffentlichen Hand in die eigenen Hände zurücknehmen. Wohin es führt, wenn jeder glaubt, die Verantwortung trüge der sehr geehrte, wertgeschätzte Vordermann und Vorgesetzte, das haben wir erlebt. Soweit wir's erlebt haben ...
Ich bin ein paar Jahre älter als ihr und ihr werdet ein paar Jahre länger leben als ich. Das hat nicht viel auf sich. Aber glaubt mir trotzdem: Wenn Unrecht geschieht, wenn Not herrscht, wenn Dummheit waltet, wenn Hass gesät wird, wenn Muckertum sich breit macht, wenn Hilfe verweigert wird – stets ist jeder Einzelne zur Abhilfe mitaufgerufen, nicht nur die jeweils „zuständige" Stelle.
Jeder ist mitverantwortlich für das, was geschieht, und für das, was unterbleibt. Und jeder von uns und euch – auch und gerade von euch – muss es spüren, wenn die Mitverantwortung neben ihn tritt und schweigend wartet. Wartet, dass er handle, helfe, spreche, sich weigere oder empöre, je nachdem. Fühlt er es nicht, so muss er's fühlen lernen. Beim Einzelnen liegt die große Entscheidung.
Aber wie kann man es lernen? Steht man nicht mit seinem Bündel Verantwortung wie in einem Wald bei Nacht? Ohne Licht und Weg, ohne Laterne, Uhr und Kompass?
Ich sagte schon, ich sei ein paar Jahre älter als ihr, und wenn ich bisher auch noch nicht, noch immer nicht gelernt habe, welche Partei, welche Staatsform, welche Kirche, welche Philosophie, welches Wirtschaftssystem und welche Weltanschauung „richtig" wären, so bin ich doch nie ohne Kompass, Uhr und Taschenlampe in der Welt herumgestolpert. Und wenn ich mich auch nicht immer nach ihnen gerichtet habe, so war's gewiss nicht ihr, sondern mein Fehler.
Archimedes suchte, für die physikalische Welt, den einen festen Punkt, von dem aus er sich's zutraute, sie aus den Angeln zu heben. Die soziale, moralische und politische Welt, die Welt der Menschen nicht aus den Angeln, sondern in die rechten Angeln hineinzuheben, dafür gibt es in jedem von uns mehr als einen archimedischen Punkt. Vier dieser Punkte möchte ich aufzählen.
Punkt 1: Jeder Mensch höre auf sein Gewissen! Das ist möglich. Denn er besitzt eines. Diese Uhr kann man weder aus Versehen verlieren noch mutwillig zertrampeln. Diese Uhr mag leiser oder lauter ticken – sie geht stets richtig. Nur wir gehen manchmal verkehrt.
Punkt 2: Jeder Mensch suche sich Vorbilder! Das ist möglich. Denn es existieren welche. Und es ist unwichtig, ob es sich dabei um einen großen toten Dichter, um Mahatma Gandhi oder um Onkel Fritz aus Braunschweig handelt, wenn es nur ein Mensch ist, der im gegebenen Augenblick ohne Wimperzucken das gesagt und getan hätte, wovor wir zögern. Das Vorbild ist ein Kompass, der sich nicht irrt und uns Weg und Ziel weist.
Punkt 3: Jeder Mensch gedenke immer seiner Kindheit! Das ist möglich. Denn er hat ein Gedächtnis. Die Kindheit ist das stille, reine Licht, das aus der eigenen Vergangenheit tröstlich in die Gegenwart und Zukunft hinüberleuchtet. Sich der Kindheit wahrhaft erinnern, das heißt: plötzlich und ohne langes Überlegen wieder wissen, was echt und falsch, was gut und böse ist. Die meisten vergessen ihre Kindheit wie einen Schirm und lassen sie irgendwo in der Vergangenheit stehen. Und doch können nicht vierzig, nicht fünfzig spätere Jahre des Lernens und Erfahrens den seelischen Feingehalt des ersten Jahrzehnts aufwiegen. Die Kindheit ist unser Leuchtturm.

[1] ozonreich = hier: sauerstoffreich

Fortsetzung auf Seite 11

Fortsetzung von Seite 10

Die vier archimedischen Punkte

Punkt 4: Jeder Mensch erwerbe sich Humor! Das ist nicht unmöglich. Denn immer und überall ist es einigen gelungen. Der Humor rückt den Augenblick an die richtige Stelle. Er lehrt uns die wahre Größenordnung und die gültige Perspektive. Er macht die Erde zu einem kleinen Stern, die Weltgeschichte zu einem Atemzug und uns selber bescheiden. Das ist viel. Bevor man das Erb- und Erzübel, die Eitelkeit, nicht totgelacht hat, kann man nicht beginnen, das zu werden, was man ist: ein Mensch.

Vier Punkte habe ich aufgezählt, dass ihr von ihnen aus die Welt, die aus den Fugen ist, einrenken helft: das Gewissen, das Vorbild, die Kindheit, den Humor. Vier Angelpunkte. Vier Programmpunkte, wenn man so will. Und damit habe ich unversehens selber eine der Ansprachen gehalten, über die ich mich eingangs lustig machte. Es lässt sich nicht mehr ändern, höchstens und konsequenterweise auf die Spitze treiben, indem ich, anderen geschätzten Vor- und Festrednern folgend, mit ein paar Versen schließe, mit einem selbst und hausgemachten Neujahrsspruch:

Man soll das Jahr nicht mit Programmen
beladen wie ein krankes Pferd.
Wenn man es allzu sehr beschwert,
bricht es zu guter Letzt zusammen.

Je üppiger die Pläne blühen,
umso verzwickter wird die Tat.
Man nimmt sich vor, sich schrecklich zu bemühen,
und schließlich hat man den Salat.

Es nützt nicht viel, sich rot zu schämen.
Es nützt nichts, und es schadet bloß,
sich tausend Dinge vorzunehmen.
Lasst das Programm und bessert euch drauflos!

Aus: „Die kleine Freiheit", Chansons und Prosa 1949–1952, Kabarettprogramm

Aufgabe

1. Markiere beim lauten Lesen der Ansprache die Kernsätze farbig.

Gute Ratschläge

Was war, wird nicht besser, wenn man es nachträglich lobt.

Wenn Millionen Menschen miteinander leben wollen, ...

Wir müssen unsern Teil Verantwortung für das, was geschieht, ...

Wenn Unrecht geschieht, wenn Not herrscht, wenn Dummheit waltet, wenn Hass gesät wird, wenn Muckertum sich breit macht, wenn Hilfe verweigert wird, ...

Jeder ist mitverantwortlich für das, ...

Es nützt nichts, sich tausend Dinge vorzunehmen: ...

Jeder Mensch höre auf sein Gewissen, denn ...

Jeder Mensch suche sich Vorbilder, denn ..., wenn ...

Jeder Mensch gedenke immer seiner Kindheit, denn ...

Jeder Mensch erwerbe sich Humor, denn ...

Aufgaben

2. Zum Jahresbeginn fasst jeder gute Vorsätze. Formuliere die guten Ratschläge Kästners epigrammartig-knapp, indem du die Satzanfänge aus seinem Text ergänzt.

3. Fasse den Inhalt des Schlussgedichts in einem Satz zusammen.

4. Wie beurteilst du die Vorsätze? Hast du eigene Vorschläge? Formuliere!

Vorbilder? Vorbilder!

Wer an die Zukunft glaubt,
glaubt an die Jugend.
Wer an die Jugend glaubt,
glaubt an die Erziehung.
Wer an die Erziehung glaubt,
glaubt an Sinn und Wert
der Vorbilder.

Von der deutschen Vergesslichkeit (1954). Ansprache zur Erinnerung an den 20. Juli 1944

Aufgaben

1. Was versteht man unter einem Vorbild? Erkläre.
2. Hast du Vorbilder? Welche? Begründe deine Wahl.
   Erkläre auch, wenn du keine Vorbilder hast.

Weiterführende Aufgabe

3. Organisiert in der Klasse/Schule eine Umfrage, welche Vorbilder eure Mitschüler haben.
   Stellt eine Hitliste mit einem kurzen Steckbrief zu jedem Vorbild auf.

Erich Kästner – Aus der Biografie eines deutschen Autors und ein Blick in das Geschichtsbuch des 20. Jahrhunderts

Als Erich Kästner 1899 geboren wurde, gab es noch einen deutschen Kaiser und die Straßenbahn wurde von Pferden gezogen. In seinem Buch „Als ich ein kleiner Junge war" erinnert er sich an diese Zeit:

„Damals war ja noch so vieles anders als heute! Ich bin noch mit der Pferdebahn gefahren, der Wagen lief schon auf Schienen, aber er wurde von einem Pferd gezogen, und der Schaffner war zugleich der Kutscher und knallte mit der Peitsche. [...] Damals gab es noch einen deutschen Kaiser. Er hatte einen hochgezwirbelten Schnurrbart im Gesicht und sein Berliner Hoffriseur machte in den Zeitungen und Zeitschriften für die vom Kaiser bevorzugte Schnurrbartbinde Reklame."

Als Kästner 1974 starb, war die Bundesrepublik Deutschland längst ein anerkannter demokratischer Staat und die Menschheit hatte bereits den Weltraum erorbert. Dazwischen lagen zwei Weltkriege, der Terror des Nationalsozialismus' und eine ungeheuer rasante Entwicklung der Technik, die uns nicht nur eine neue Medienlandschaft und eine völlig veränderte Arbeitswelt bescherte, sondern auch die atomare Bedrohung und schwerwiegende Umweltprobleme. Schon 1957 hatte Erich Kästner in seinem oben erwähnten Buch festgestellt:

„Was gab es seitdem nicht alles! Kriege und elektrisches Licht, Revolutionen und Inflationen, lenkbare Luftschiffe und den Völkerbund, die Entzifferung der Keilschrift und Flugzeuge, die schneller sind als der Schall! ... Manches ist bequemer geworden. Wurde es dadurch schöner? Ich weiß nicht recht. Vielleicht. Vielleicht auch nicht."

Aufgaben

1. Unternimm einen kleinen Streifzug durch die Lebensgeschichte von Erich Kästner und durch die Geschichte des 20. Jahrhunderts. Erstelle folgendermaßen eine Collage:
   - Schneide die Kärtchen und die Fotos aus.
   - Ordne die Angaben zu den Lebensdaten Erich Kästners chronologisch.
   - Du findest jeweils Stichpunkte zu dem entsprechenden zeitgeschichtlichen Hintergrund auf einer zweiten Karte. – Ordne zu.
   - Klebe zu den Stationen in der Zeitleiste die passenden Fotos.

2. Welche Zusammenhänge zeigen sich zwischen den geschichtlichen Daten und dem Lebenslauf Erich Kästners?

Fortsetzung auf den Seiten 14–17

Fortsetzung von Seite 13

Erich Kästner – Aus der Biografie eines deutschen Autors und ein Blick in das Geschichtsbuch des 20. Jahrhunderts

SECHZIGER JAHRE
- Protestbewegungen und Studentenunruhen (1967/68)
- Vietnamkrieg
- Ostverträge (Willy Brandt)
- Farbfernsehen (1967)
- Mondflüge des Apollo-Programms erfolgreich
- erster Mensch auf dem Mond (1969)

NACHKRIEGSZEIT
- Hungerjahre
- Spaltung Deutschlands
- Gründung der BRD und der DDR (1949)
- Ost-West-Konflikt wird zum „Kalten Krieg“
- Berlin-Blockade 1948/49
- erstes Fernsehprogramm in Deutschland (1951)

„GOLDENE ZWANZIGER JAHRE“
- Aufschwung und kulturelle Blütezeit der Weimarer Republik
- Einführung der Arbeitslosenversicherung
- erste Atlantik-Überquerung (1927)
- Luftschiff Zeppelin fliegt um die Erde
- Weltwirtschaftskrise 1929
- Nationalsozialismus erstarkt

JAHRHUNDERTWENDE
- Deutsches Kaiserreich unter Wilhelm II.
- Dresden ist Residenzstadt des sächsischen Königs

AUFBAUJAHRE DER BRD
- Wirtschaftsaufschwung
- steigender Lebensstandard (Volkswagen und Fernseher)
- erster Kernreaktor in München (1957)
- Wiederbewaffnung in beiden deutschen Staaten
- 1961 Bau der Berliner Mauer

Fortsetzung auf den Seiten 15–17

Fortsetzung von Seite 14

Erich Kästner – Aus der Biografie eines deutschen Autors und ein Blick in das Geschichtsbuch des 20. Jahrhunderts

1956–1965
- In seinem Werk „Schule der Diktatoren" versucht Kästner mit der braunen Terrorherrschaft abzurechnen.
- 1957 wird sein Sohn Thomas (unehelich) geboren.
- Großes Bundesverdienstkreuz (1959)
- weitere Auszeichnungen v. a. für seine Jugendbücher
- Erkrankung an TBC (1961)

1899
Erich Emil Kästner wird am 23. Februar in Dresden geboren.
Vater: Emil Kästner, Sattler
Mutter: Ida, geb. Augustin,
Tochter eines Pferdehändlers, Näherin, später Frisörin

1945–1955
- Gründung des Kabaretts „Die Schaubude" in München
- Herausgabe der Jugendzeitschrift „Pinguin"
- erstes Wiedersehen mit den Eltern in Dresden (1946)
- Bundesfilmpreis für „Das doppelte Lottchen" (1950)
- Präsident des westdeutschen PEN-Zentrums

1939–1945
- Zeit der „inneren Emigration"
- Kästner verlässt Deutschland nicht, aber er leidet unter dem Nazi-Terror.
- 1943 totales Schreibverbot für Deutschland und das Ausland
- 1943 Uraufführung des Filmes „Münchhausen", dessen Drehbuch Kästner unter einem Pseudonym schrieb
- 1944 ausgebombt
- Das Kriegsende erlebt er „getarnt" als Mitglied eines Filmteams in Mayrhofen.

1927–1932
- Kästner in Berlin („schönste Zeit seines Lebens")
- Theaterkritiker
- „Herz auf Taille" (1928), Lyrik für das Volk
- „Emil und die Detektive", erstes Kinderbuch (1928)
- „Fabian", Roman (1931)
- Mitglied im Schriftstellerverband PEN-Club

Fortsetzung auf den Seiten 16–17

Fortsetzung von Seite 15

Erich Kästner – Aus der Biografie eines deutschen Autors und ein Blick in das Geschichtsbuch des 20. Jahrhunderts

DREISSIGER JAHRE
- 30.01.1933 „Machtergreifung"
- nationalsozialistischer Terror beginnt:
  - Bücherverbrennung
  - Rassengesetze
  - Aktion „Entartete Kunst"
- erster Diesel-Pkw (1934)
- Nachweis der Spaltbarkeit von Uran (1939)
- erstes Düsenflugzeug

WEIMARER REPUBLIK
- Entwicklung des Tonfilm-Systems (1919)
- Inflation und Währungsreform (1923)
- erste Rundfunk-Unterhaltungssendung in Berlin

JAHRHUNDERTWENDE
- Industrie verdrängt das Handwerk immer mehr (zweite Industrialisierungsphase).
- erster Zeppelinflug (1900)
- BGB tritt in Kraft.
- Physik-Nobelpreis an Konrad Röntgen (1901)

ZWEITER WELTKRIEG
1939–1945
- „Totaler Krieg" und Rassenwahn
- Massenvernichtung von Menschen in Konzentrationslagern
- Zerstörung zahlreicher Städte (u. a. auch Dresden)
- erste Atombombe auf Hiroshima (August 1945)

MILITARISMUS UND IMPERIALISMUS
- Kriegsdrohung wächst
- erstes U-Boot der deutschen Marine (1906)
- erster deutscher Motorstreckenflug (1 km)
- erster Kfz-Dieselmotor (1910)

ERSTER WELTKRIEG
- Technisierung des Krieges zu Land, zu Wasser und in der Luft
- Einstein entwickelt die allgemeine Relativitätstheorie (1915).
- Einführung des 8-Stunden-Arbeitstages (1918)

Fortsetzung auf Seite 17

Fortsetzung von Seite 16

Erich Kästner – Aus der Biografie eines deutschen Autors und ein Blick in das Geschichtsbuch des 20. Jahrhunderts

1919–1925
- Kriegsabitur
- Stipendium der Stadt Dresden
- Studium in Leipzig und Rostock (Germanistik, Geschichte, Philosophie, Theatergeschichte)
- Anstellung bei der Neuen Leipziger Zeitung
- Doktorarbeit (1925)

1933–1939
- Kästners Werke werden von den Nazis verbrannt.
- Publikationsverbot in Deutschland
- Verhaftung durch Gestapo
- Kästner veröffentlicht im Ausland „Drei Männer im Schnee" (1934).

1906–1913
- Schulzeit
- Kästner ist ein wissbegieriger Schüler und ein guter Turner.
- Sein Traumberuf ist Lehrer.
- Eintritt in das Lehrerseminar (1913)

1965–1974
- Kästner genießt hohes Ansehen, er erhält Preise und Ehrungen.
- Er stirbt am 29. Juli 1974.

1900–1905
- Kindheit in der Königsbrückener Straße
- Die Eltern haben finanzielle Sorgen.

1914–1918
- Lehrerseminar in Dresden
- Kästner gewinnt die Einsicht, dass er nicht für diesen Beruf geeignet ist. (Er will nicht lehren, sondern lernen.)
- Einberufung 1917
- Abneigung gegen Militär, vorzeitige Entlassung wegen eines Herzleidens

Dresden – Erich Kästners Heimatstadt

In seinen Jugenderinnerungen „Als ich ein kleiner Junge war" beschreibt Kästner auch seine Heimatstadt Dresden:

Wenn es zutreffen sollte, dass ich nicht nur weiß, was schlimm und hässlich, sondern auch, was schön ist, so verdanke ich diese Gabe dem Glück, in Dresden aufgewachsen zu sein. Ich musste, was schön sei, nicht erst aus Büchern lernen. Nicht in der Schule und nicht auf der Universität. Ich durfte die Schönheit einatmen wie Försterkinder die Waldluft. Die katholische Hofkirche, George Bährs Frauenkirche, der Zwinger, das Pillnitzer Schloss, das Japanische Palais, der Jüdenhof und das Dinglingerhaus, die Rampische Straße mit ihren Barockfassaden, die Renaissance-Erker in der Schlossstraße, das Coselpalais, das Palais am Großen Garten mit den kleinen Kavaliershäusern und gar, von der Loschwitzhöhe aus, der Blick auf die Silhouette der Stadt mit ihren edlen, ehrwürdigen Türmen – doch es hat ja keinen Sinn, die Schönheit wie das Einmaleins herunterzubeten!

Mit Worten kann man nicht einmal einen Stuhl so genau beschreiben, dass ihn der Tischlermeister Kunze in seiner Werkstatt nachbauen könnte! Wie viel weniger das Schloss Moritzburg mit seinen vier Rundtürmen, die sich im Wasser spiegeln! Oder die Vase des Italieners Corradini am Palaisteich, schräg über vom Café Pollender! Oder das Kronentor im Zwinger! Ich sehe schon: Ich werde den Herrn Illustrator bitten müssen, für dieses Kapitel eine Reihe Zeichnungen zu machen. Damit ihr, bei deren Anblick, wenigstens ein wenig ahnt und spürt, wie schön meine Heimatstadt gewesen ist!

Vielleicht frage ich ihn sogar, ob er Zeit hat, eines der Kavaliershäuschen zu zeichnen, die das Palais am Großen Garten flankierten!

In einem davon, dachte ich als junger Mann, würdest du fürs Leben gerne wohnen! Womöglich wirst du eines Tages berühmt, und dann kommt der Bürgermeister, mit seiner goldenen Kette um den Hals, und schenkt es dir, im Namen der Stadt. Da wäre ich dann also mit meiner Bibliothek eingezogen. Morgens hätte ich im Palaiscafé gefrühstückt und die Schwäne gefüttert. Anschließend wäre ich durch die alten Alleen, den blühenden Rhododendronhain und rund um den Carolasee spaziert. Mittags hätte sich der Kavalier zwei Spiegeleier gebraten und anschließend, bei offenem Fenster, ein Schläfchen geleistet. Später wäre ich, nur eben um die Ecke, in den Zoo gegangen. Oder in die Große Blumenausstellung. Oder ins Hygienemuseum. Oder zum Pferderennen nach Reick. Und nachts hätte ich, wieder bei offenem Fenster, herrlich geschlafen. Als einziger Mensch in dem großen, alten Park. Ich hätte von August dem Starken geträumt, von Aurora von Königsmarck und der ebenso schönen wie unglücklichen Gräfin Cosel.

Wann ich dann wohl gearbeitet hätte, wollt ihr wissen? Wie kann man so neugierig sein! Das hätten doch die Heinzelmännchen besorgt! Die Nachkommen der königlich polnischen, kursächsischen Hofzwerge! Sehr kleine, sehr tüchtige Leute! Sie hätten, nach knappen Angaben von mir, auf winzigen Schreibmaschinen meine Gedichte und Romane geschrieben, und ich wäre inzwischen auf dem Apfelschimmel Almansor, meinem Lieblingspferd, über die breiten dunkelbraunen Reitwege galoppiert. Bis zur „Pikardie". Dort hätten ich und Almansor Kaffee getrunken und Streuselkuchen verzehrt! Doch Hofzwerge, die Gedichte schreiben, und Pferde, die Kuchen fressen, gehören nicht hierher.

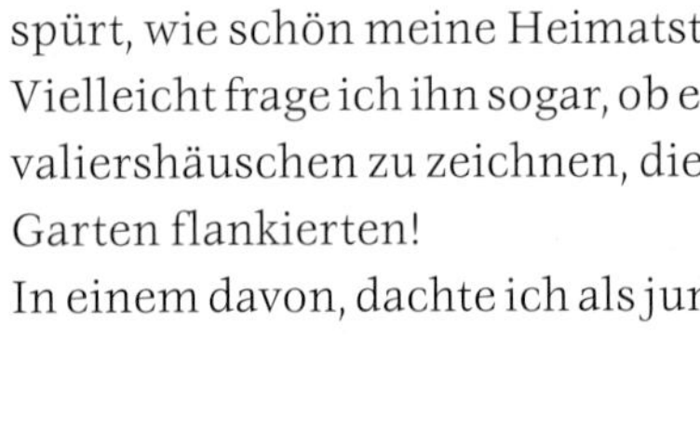

Coselpalais

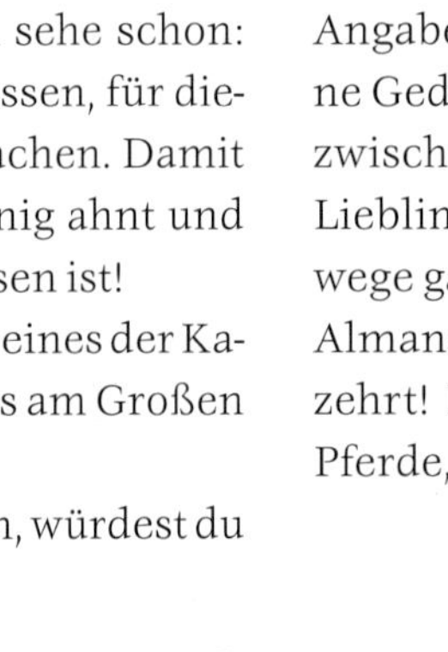

Die Frauenkirche

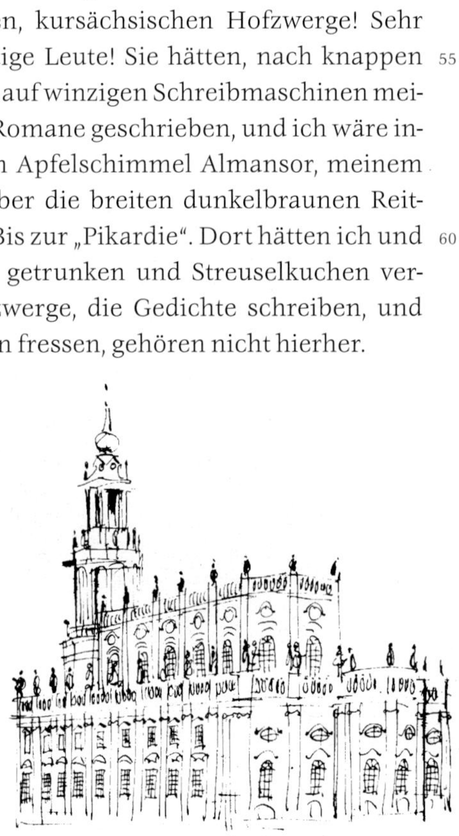

Hofkirche

Aufgabe

Schreibe einen Werbetext für einen Reiseprospekt über Kästners Dresden.
Du kannst ihn auch illustrieren!

Fortsetzung auf Seite 19

Fortsetzung von Seite 18

Dresden – Erich Kästners Heimatstadt

Ja, Dresden war eine wunderbare Stadt. Ihr könnt es mir glauben. Und ihr müsst es mir glauben! Keiner von euch, und wenn sein Vater noch so reich wäre, kann mit der Eisenbahn hinfahren, um nachzusehen, ob ich Recht habe. Denn die Stadt Dresden gibt es nicht mehr. Sie ist, bis auf einige Reste, vom Erdboden verschwunden. Der Zweite Weltkrieg hat sie, in einer einzigen Nacht und mit einer einzigen Handbewegung, weggewischt. Jahrhunderte hatten ihre unvergleichliche Schönheit geschaffen. Ein paar Stunden genügten, um sie vom Erdboden fortzuhexen. Das geschah am 13. Februar 1945. Achthundert Flugzeuge warfen Spreng- und Brandbomben. Und was übrig blieb, war eine Wüste. Mit ein paar riesigen Trümmern, die aussahen wie gekenterte Ozeandampfer.

Ich habe, zwei Jahre später, mitten in dieser endlosen Wüste gestanden und wusste nicht, wo ich war. Zwischen zerbrochenen, verstaubten Ziegelsteinen lag ein Straßenschild. „Prager Straße" entzifferte ich mühsam. Ich stand auf der Prager Straße? Auf der weltberühmten Prager Straße? Auf der prächtigsten Straße meiner Kindheit? Auf der Straße mit den schönsten Schaufenstern? Auf der herrlichsten Straße der Weihnachtszeit? Ich stand in einer kilometerlangen, kilometerbreiten Leere. In einer Ziegelsteppe. Im Garnichts.

Noch heute streiten sich die Regierungen der Großmächte, wer Dresden ermordet hat. Noch heute streitet man sich, ob unter dem Garnichts fünfzigtausend, hunderttausend oder zweihunderttausend Tote liegen. Und niemand will es gewesen sein. Jeder sagt, die anderen seien dran schuld. Ach, was soll der Streit? Damit macht ihr Dresden nicht wieder lebendig! Nicht die Schönheit und nicht die Toten! Bestraft künftig die Regierungen und nicht die Völker! Und bestraft sie nicht erst hinterher, sondern sofort! Das klingt einfacher, als es ist? Nein. Das ist einfacher, als es klingt.

(1957)

Dresden – Ruinen nach der Zerstörung 1945

Weiterführende Aufgabe

Informiert euch über die Zerstörung Dresdens am 13. Februar 1945. Erstellt eine Wandzeitung über historische Bauwerke Dresdens, die zerstört und später wieder aufgebaut wurden.

Eine folgenschwere Hochzeit – Als ich ein kleiner Junge war

Eines Tages erschien bei uns ein älteres Fräulein namens Strempel, erzählte, dass sie am kommenden Sonnabend in der St.-Pauli-Kirche getraut werden würde, und bestellte meine Mutter für acht Uhr morgens. In die Oppelstraße 27, zwei Treppen links. Zehn Köpfe müssten festlich hergerichtet werden. Die Brautkutsche und fünf Droschken seien bestellt. Das Essen liefere das Hotel Bellevue, mit einer Eisbombe zum Nachtisch und einem Servierkellner im Frack. Fräulein Strempel machte verklärte Augen und schwärmte wie ein Backfisch. Wir gratulierten ihr zu ihrem Glück, und als sie gegangen war, gratulierten wir uns. Doch wir gratulierten zu früh.

Denn als ich am Sonnabendmittag aus der Schule kam, saß meine Mutter niedergeschlagen in der Küche und hatte verweinte Augen. Sie hatte Punkt acht Uhr im Hause Oppelstraße 27, zwei Treppen links, geläutet, war verblüfft angegafft und ärgerlich abgewiesen worden. Hier wohne kein Fräulein Strempel und niemand denke daran, mittags in der St.-Pauli-Kirche zu heiraten! Hatte sich meine Mutter eine falsche Hausnummer gemerkt? Sie fragte in den umliegenden Läden. Sie erkundigte sich in den Nachbarhäusern. Sie klingelte an allen Türen. Sie stellte die Oppelstraße auf den Kopf. Keiner kannte Fräulein Strempel. Und niemand hatte die Absicht, sich frisieren oder gar am Mittage trauen zu lassen. Unter den Leuten, die Auskunft gaben, waren auch nette Menschen, aber so gefällig war nicht einer.

Nun saßen wir also in der Küche und wunderten uns. Dass wir angeführt worden waren, hatten wir begriffen. Doch warum hatte uns die Person beschwindelt? Warum denn nur? Sie hatte meine Mutter geschädigt. Aber wo war ihr eigener Nutzen?

Ein paar Wochen später sah ich sie wieder! Ich kam mit Kießlings Gustav aus der Schule und sie ging an uns vorüber, ohne mich zu erkennen. Sie schien es eilig zu haben. Da war nicht viel Zeit zu verlieren! Jetzt oder nie! Rasch nahm ich den Ranzen vom Rücken, gab ihn dem Freund, flüsterte: „Bring ihn zu meiner Mutter und sag ihr, ich käme heute später!" Und schon lief ich der Person nach. Gustav starrte hinter mir drein, zuckte die Achseln und brachte brav den Schulranzen zu Kästners. „Der Erich kommt heute später", richtete er aus. „Warum?", fragte meine Mutter. „Keine Ahnung", sagte Gustav.

Inzwischen spielte ich Detektiv. Da mich Fräulein Strempel, die wahrscheinlich gar nicht Strempel hieß, nicht wieder erkannt hatte, war die Sache einfach. Ich brauchte mich nicht zu verstecken. Ich brauchte mir keinen Vollbart umzuhängen. Wo hätte ich den auch so schnell hernehmen sollen? Ich musste nur aufpassen, dass ich ihr auf den Fersen blieb. Nicht einmal das war ganz leicht, denn Fräulein Strempel oder Nichtstrempel hatte große Eile und lange Beine. Wir kamen gut vorwärts.

Albertplatz, Hauptstraße, Neustädter Markt, Augustusbrücke, Schlossplatz, Georgentor, Schlossstraße, es wollte kein Ende nehmen. Und ganz plötzlich nahm es doch ein Ende. Die Person bog links in den Altmarkt ein und verschwand hinter den gläsernen Flügeltüren von Schlesinger & Co., feinste Damenkonfektion. Ich fasste mir ein Herz und folgte ihr. Was werden sollte, wusste ich nicht. Dass mich der Geschäftsführer, die Direktricen und die Verkäuferinnen musterten, war peinlich. Aber was half's? Die Person durchquerte das Erdgeschoss, Abteilung Damenmäntel. Ich auch. Sie stieg die Treppe hoch und passierte den ersten Stock, Abteilung Kostüme, und stieg die nächste Treppe hoch. Ich auch. Sie betrat den zweiten Stock, Abteilung Sommer- und Backfischkleider, ging auf einen Wandspiegel zu, schob ihn zur Seite – und verschwand! Der Spiegel schob sich, hinter ihr, wieder an den alten Fleck. Es war wie in ‚Tausendundeine Nacht'.

Da stand ich nun zwischen Ladentischen, Spiegeln, fahrbaren Garderoben und unbeschäftigten Verkäuferinnen und rührte mich, vor Schreck und Pflichtgefühl, nicht von der Stelle. Wenn wenigstens Kundinnen da gewesen wären und anprobiert und gekauft hätten! Aber es war ja Mittagszeit, da war man daheim und

nicht bei Schlesingers! Die Verkäuferinnen begannen zu kichern. Eine von ihnen kam auf mich zu und sagte mutwillig: „Wie wär's mit einem flotten Sommerkleidchen für den jungen Herrn? Wir haben entzückende Dessins auf Lager. Darf ich Sie zum Anprobieren in die Kabine bitten?" Die anderen Mädchen lachten und hielten sich die Hand vor den Mund.

Solche Gänse! Wieso war Fräulein Nichtstrempel hin-

Fortsetzung auf Seite 21

Eine folgenschwere Hochzeit – Als ich ein kleiner Junge war

ter dem Spiegel verschwunden? Und wo war sie jetzt? Ich stand wie auf Kohlen. Eine Minute kann sehr lang sein.

Und schon wieder näherte sich eines dieser niederträchtigen Frauenzimmer! Sie hatte ein buntes Kleid vom Bügel genommen, hielt es mir unters Kinn, kniff prüfend die Augen zusammen und sagte: „Der Ausschnitt bringt Ihre wundervolle Figur vorzüglich zur Geltung!" Die Mädchen wollten sich vor Lachen ausschütten. Ich wurde rot und wütend. Da erschien eine ältere Dame auf der Bildfläche und die Etage wurde mäuschenstill. „Was machst denn du hier?", fragte sie streng. Weil mir nichts Besseres einfiel, antwortete ich: „Ich suche meine Mutter." Eines der Mädchen rief: „Von uns ist es keine!", und das Gelächter brach von neuem los. Sogar die ältere Dame verzog das Gesicht.
In diesem Moment glitt der Wandspiegel lautlos zur Seite und Fräulein Nichtstrempel trat heraus. Ohne Hut und Mantel. Sie strich sich übers Haar, sagte zu den anderen: „Mahlzeit allerseits!", und begab sich hinter einen der Ladentische – sie war, bei Schlesinger im zweiten Stock, Verkäuferin! Und schon war ich auf der Treppe. Ich suchte den Geschäftsführer. Hier war ein Gespräch zwischen Männern am Platze!

Nachdem sich der Geschäftsführer meine Geschichte angehört hatte, hieß er mich warten, stieg in den zweiten Stock und kehrte, nach fünf Minuten, mit Fräulein Nichtstrempel zurück. Sie war wieder in Hut und Mantel. Und sie sah durch mich hindurch, als sei ich aus Glas. „Hör gut zu!", sagte er zu mir. „Fräulein Nitzsche geht jetzt mit dir nach Hause. Sie wird sich mit deiner Mutter einigen und deren Schaden ratenweise gutmachen. Hier ist ein Zettel mit Fräulein Nitzsches Adresse, steck ihn ein und gib ihn deiner Mutter! Sie kann mich, falls es notwendig sein sollte, jederzeit aufsuchen. Adieu!"
Die Glastüren schwangen auf und zu. Fräulein Strempel, die Nitzsche hieß, und ich standen auf dem Altmarkt. Sie bog, ohne mich eines Blickes zu würdigen, in die Schlossstraße ein und ich folgte ihr. Es war ein schrecklicher Marsch. Ich hatte gesiegt und fühlte mich recht elend. Ich kam mir vor wie einer jener bewaffneten Soldaten, die auf dem Heller hinter den Militärgefangenen herliefen. Ich war stolz und schämte mich. Beides zu gleicher Zeit. Das gibt es.
Schlossstraße, Schlossplatz, Augustusbrücke, Neustädter Markt, Hauptstraße, Albertplatz, Königsbrücker Straße – immer ging sie, kerzengerade, vor mir her. Immer folgte ich ihr mit fünf Schritten Abstand. Noch auf der Treppe. Vor unsrer Wohnungstür drehte sie sich zur Wand. Ich klingelte dreimal. Meine Mutter stürmte zur Tür, riss sie auf und rief: „Nun möchte ich endlich wissen, warum du ..." Dann merkte sie, dass ich nicht allein war und wen ich mitbrachte. „Treten Sie näher, Fräulein Strempel", sagte sie. „Fräulein Nitzsche", verbesserte ich.
Sie wurden sich einig. Man vereinbarte drei Monatsraten und Fräulein Nitzsche kehrte, mit einer Bescheinigung meiner Mutter in der Handtasche, zu Schlesinger & Co. zurück. Sie verzog keine Miene. Der Schaden ließ sich verschmerzen. Und trotzdem war es eine Katastrophe. Wir erfuhren es mit der Zeit. Die Gläubiger kamen von allen Seiten. Das Hotel, die Weinhandlung, der Fuhrhalter mit der Hochzeitskutsche, der Blumenladen, ein Wäschegeschäft, alle fühlten sich geschädigt und alle wollten einen Teil des Schadens ratenweise ersetzt haben. Und Fräulein Nitzsche zahlte ihn ab. Monatelang.
Zum Glück behielt sie ihren Posten bei Schlesinger. Denn sie war eine tüchtige Verkäuferin. Und der Geschäftsführer hatte begriffen, was ich noch nicht begreifen konnte. Ein alterndes Fräulein, das keinen Mann fand, hatte heiraten wollen, und weil sich ihr Wunsch nicht erfüllte, log sie sich die Hochzeit zusammen. Es war ein teurer Traum. Ein vergeblicher Traum. Und als sie erwacht war, bezahlte sie ihn ratenweise und wurde mit jeder Monatsrate ein Jahr älter. Manchmal begegneten wir uns auf der Straße. Wir sahen einander nicht an. Wir hatte beide Recht und Unrecht. Doch ich war besser dran. Denn sie bezahlte einen ausgeträumten Traum, ich aber war ein kleiner Junge.

Aus: „Als ich ein kleiner Junge war"

Aufgaben

1. Spielt das Gespräch zwischen dem jungen Erich und dem Geschäftsführer in der Klasse nach.
2. Warum meint Erich, dass er Recht und Unrecht zugleich hatte?
3. In welchem Buch hat Kästner seine Erlebnisse literarisch verarbeitet und zu einer berühmten Verfolgungsszene ausgebaut? (Lösung S. 79)

Kästner als Journalist in Leipzig

Klaus Kordon

Fortunas Fußtritt

Der berufliche Erfolg hält an. Mit dreißig bekannt sein? Das schafft ein Talent wie Kästner früher. Doch er tut auch was dafür, arbeitet weiter rund um die Uhr. Trotzdem hat er Zeit für Freunde, ist beliebt in seinem Bekanntenkreis.

Zu Kästners besten Freunden zählen in der Leipziger Zeit noch zwei andere Erichs: Erich Ohser, der Illustrator, der Jahre später als e. o. plauen mit seinen *Vater-und-Sohn*-Bildstrips weltberühmt wird, und der Sozialdemokrat Erich Knauf, Studienfreund Kästners und Redakteur der *Plauener Volkszeitung*.

Ohser und Kästner haben sich 1923, gegen Ende der Inflationszeit, kennen gelernt. Ohser, ein paar Jahre jünger als Kästner, wird von diesem als „groß, dunkelhaarig, tapsig und voller Übermut" geschildert. „Er studierte an der Kunstakademie und ich an der Universität. Wir waren beide unseren Berufen entlaufen und aufs Dasein neugierig, fanden die Freiheit samt ihrem Risiko herrlich, lernten und bummelten, lachten und lebten von der Hand in den Mund."

Noch nachts, wenn Kästner in der Redaktion „Stallwache" hat und beim Dröhnen der Rotationsmaschinen Spätnachrichten redigiert, hocken die beiden Freunde zusammen. „Manchmal brachte er – aus dem Café *Merkur* oder, in selbst geschneiderten Kostümen, von Faschingsbällen – andere junge Künstler und Weltverbesserer mit, und dann redigierten wir die korrekturbedürftige Menschheit."

In der Redaktion der Leipziger Zeitschrift *Beyers Für Alle,* in der zu jener Zeit die junge Redaktionsvolontärin Luiselotte Enderle angestellt ist, werden der groß gewachsene Ohser und der 1,68 Meter „kleine" Kästner stets nur der große und der kleine Erich genannt. Die beiden schreiben und zeichnen gemeinsam für diverse Zeitungen und Illustrierte und veröffentlichen in dem Familienblatt unter anderem gereimte Bildgeschichten für Kinder. Außerdem spielt Kästner auf der Kinderseite den Briefkastenonkel.

„Beide waren sehr frech", erinnert sich Luiselotte Enderle. „Kästner übertraf Ohser bei weitem. Meine Kollegin Lena und ich konnten ihm dennoch nicht widerstehen. Aber wir widerstanden ihm. Schon weil Hilde Decke (die Chefredakteurin) auf Ordnung hielt."

Das lustige Leben könnte so weitergehen – Kästners Glück will es anders:

Anfang 1927 schreibt der kleine Erich ein Gedicht: *Nachtgesang des Kammervirtuosen.* Es ist für die damalige Zeit erotisch recht freizügig. Der große Erich illustriert es dementsprechend und der nicht gerade ängstliche Erich Knauf bringt es, weil es von Kästners Hauszeitung, der *Neuen Leipziger,* abgelehnt wurde, in der *Plauener Volkszeitung.* Ein Skandal ist geboren. Warum? Das Gedicht erscheint ausgerechnet im Gedenkjahr zu Beethovens hundertstem Todestag. Und es beginnt mit den Zeilen:

„Du meine Neunte letzte Sinfonie!
Wenn du das Hemd anhast mit rosa Streifen ...
Komm wie ein Cello zwischen meine Knie,
und lass mich zart in deine Seiten greifen!"

Darf man so etwas schreiben und auch noch so freizügig illustrieren – im Beethoven-Gedenkjahr? Richtet sich dieses Gedicht nicht gegen jede Sitte und allen Anstand? Ist es nicht ein Affront gegen die Öffentlichkeit? Den politisch rechtsgerichteten *Leipziger Neuesten Nachrichten,* der größten mitteldeutschen Zeitung jener Tage, kommt der Fauxpas der munteren jungen Leute gerade recht. Kästner, der erfolgreiche Mitarbeiter des demokratischen Konkurrenzblattes, ist der Redaktion der *LNN* schon lange ein Dorn im Auge. Also greift man die „Tempelschändung" durch Kästner und Ohser – und damit die ungeliebte Konkurrenz – in einem Leitartikel an. Und der hilflose Verlagsdirektor der Neuen Leipziger Zeitung versucht den Sturm im Wasserglas zu glätten, indem er Kästner und Ohser fristlos entlässt.

Eine Katastrophe für die beiden jungen Männer. Zwar bietet die Direktion des Blattes Kästner an, nach Berlin zu gehen und dort als Theaterkritiker weiter für die Zeitung zu arbeiten – und Kästner nimmt dieses Angebot notgedrungen an –, aber was ist das gegen die Stellung, die er zuvor in Leipzig innehatte? Und das Honorar, das er für seine Kritiken beziehen wird? Wie soll er, inzwischen achtundzwanzig Jahre alt, von den paar Pfennigen leben?

Aus: Klaus Kordon: Die Zeit ist kaputt. Die Lebensgeschichte des Erich Kästner. Weinheim und Basel 1994

Aufgabe

1. Was erfährst du über die Beziehung zwischen Erich Ohser und Erich Kästner?

Fortsetzung auf Seite 23

Fortsetzung von Seite 22

Nachtgesang des Kammervirtuosen

Und dieses Gedicht – von seinem Freund Erich Ohser (e. o. plauen) illustriert – beendete mit einem Skandal Kästners Leipziger Journalistenkarriere.

Nachtgesang des Kammervirtuosen

Du meine Neunte letzte Sinfonie!
Wenn du das Hemd* anhast mit rosa Streifen ...
Komm wie ein Cello zwischen meine Knie,
und lass mich zart in deine Seiten greifen!

Lass mich in deinen Partituren blättern.
(Sie sind voll Händel, Graun und Tremolo.)
Ich möchte dich in alle Winde schmettern,
du meiner Sehnsucht dreigestrichnes Oh!

Komm, lass uns durch Oktavengänge schreiten!
(Das Furioso, bitte, noch einmal!)
Darf ich dich mit der linken Hand begleiten?
Doch beim Crescendo etwas mehr Pedal!

Oh deine Klangfigur! Oh die Akkorde!
Und der Synkopen rhythmischer Kontrast!
Nun senkst du deine Lider ohne Worte ...
Sag einen Ton, falls du noch Töne hast!

**Anmerkung: In besonders vornehmer Gesellschaft ersetze man das Wort ‚Hemd' durch das Wort ‚Kleid'.*

(1927)

Aufgaben

2. Schreibe zu dem Vorfall einen Artikel für die Leipziger Neuesten Nachrichten. Berücksichtige die Informationen von Klaus Kordon von Seite 22.
3. Nimm in einem Leserbrief zu der Entlassung Kästners Stellung. Versuche dich in die Zeit Kästners zu versetzen.

Kästner in Berlin

Besuch vom Lande

Sie stehen verstört am Potsdamer Platz.
Und finden Berlin zu laut.
Die Nacht glüht auf in Kilowatts.
Ein Fräulein sagt heiser: „Komm mit, mein Schatz!"
Und zeigt entsetzlich viel Haut.

Sie wissen vor Staunen nicht aus und nicht ein.
Sie stehen und wundern sich bloß.
Die Bahnen rasseln. Die Autos schrein.
Sie möchten am liebsten zu Hause sein.
Und finden Berlin zu groß.

Es klingt, als ob die Großstadt stöhnt,
weil irgendwer sie schilt.
Die Häuser funkeln. Die U-Bahn dröhnt.
Sie sind das alles so gar nicht gewöhnt.
Und finden Berlin zu wild.

Sie machen vor Angst die Beine krumm.
Und machen alles verkehrt.
Sie lächeln bestürzt. Und sie warten dumm.
Und stehn auf dem Potsdamer Platz herum,
bis man sie überfährt.

Der Potsdamer Platz in Berlin, um 1913

Aufgaben

1. Welche Eindrücke der Großstadt verwirren den „Besuch vom Lande"?
2. Welche Einstellung hatte Kästner gegenüber der Großstadt Berlin? Zieh dazu den Ausschnitt aus seiner Biografie zu Rate (S. 25).
3. Das Gedicht ist – typisch für Kästner – humorvoll und doch bissig. Belege dies durch entsprechende Textstellen.
4. Stell dir vor, ein „Besuch aus der Stadt" kommt in eine ländliche Idylle.
   Schreibe ein kurzes Gedicht darüber. Du kannst dazu den Bauplan des Kästner-Textes übernehmen und dich am Stil seines Gedichtes orientieren.

Fortsetzung auf Seite 25

Fortsetzung von Seite 24

Kästner und das Ende der „Goldenen Zwanziger" in Berlin

1927 kam Erich Kästner nach Berlin. Er bezeichnete seine ersten Jahre in der damaligen Kultur-Metropole – vom Sommer 1927 bis zur Machtübernahme durch die Nazis am 30. Januar 1933 – später als die schönste Zeit seines Lebens.

Berlin ist zu dieser Zeit eine faszinierende Stadt. Nirgendwo auf der Welt gibt es mehr Theater, Kabaretts und Vorstadtbühnen. Alle wichtigen Regisseure und hervorragende Schauspieler betrachten Berlin als Ziel ihrer Karriere. Viele der bedeutendsten Autoren und Journalisten leben und arbeiten in dieser Stadt, in der täglich einhundert verschiedene Tageszeitungen und Zeitschriften erscheinen und fast alle großen Verlage ihren Sitz haben. Hier sammelt man sich, konkurriert miteinander, bringt einander vorwärts. [...]
Berlin ist aber auch die deutsche Vergnügungsmetropole. Tanzlokale, Nacht- und Tagesbars, Eckkneipen und andere „Etablissements" reihen sich aneinander. Für einen lebenslustigen Achtundzwanzigjährigen [...] genau das Richtige. Kästner fühlt sich bald zu Hause in diesem „verrückt gewordenen Steinbaukasten". Nacht für Nacht zieht es ihn in die Bars und Stripteaselokale, besucht er Neureichenpartys, studiert er das Leben in diesem modernen Sündenbabel.

Aus: Klaus Kordon: Die Zeit ist kaputt. Die Lebensgeschichte des Erich Kästner.

Kästner lebt in Berlin zur Untermiete in einem möblierten Zimmer, nicht weit vom Kurfürstendamm entfernt. Mehr kann er sich zunächst nicht leisten.

„Im Osten residiert das Verbrechen", schreibt er über das Berlin der zwanziger Jahre, „im Zentrum die Gaunerei, im Norden das Elend, im Westen die Unzucht, und in allen Himmelsrichtungen wohnt der Untergang." Unter diesen Voraussetzungen kommt der mondäne Westen dem Lebensstil, den sich der junge Doktor Kästner wünscht, noch am nächsten. Schließlich hat er sich etwas vorgenommen: Er will sich als Autor durchsetzen – genau dort, wo die Konkurrenz am größten ist. Deshalb arbeitet er in diesen fünfeinhalb Jahren, die ihm bleiben, wie ein Besessener, schreibt Romane, Kinderbücher und Gedichte, textet fürs Kabarett, verfasst Filmdrehbücher und publiziert in den verschiedensten Zeitungen. [...] Respektlos, spritzig, oft frivol plaudert er über den Kulturbetrieb der zwanziger Jahre, glossiert die Kinoszene, merkt Politisches an, kritisiert immer wieder Militarismus, Chauvinismus und den ewigen Spießer im Deutschen.

Aus: Klaus Kordon: Die Zeit ist kaputt. Die Lebensgeschichte des Erich Kästner.

Mein liebes, gutes Muttchen, du!

Erich Kästner schrieb ihr einmal: ‚Da sie die vollkommene Mutter sein wollte und war, gab es für mich keinen Zweifel: Ich musste der vollkommene Sohn werden. Wurde ich's?‘ Und ein andermal: ‚Meine Mutter war mein bester Freund.‘ [...]
Als er, herangewachsen, zum Studium nach Leipzig übersiedelte und die täglichen Geschehensberichte mündlich nicht mehr stattfinden konnten, begann der vertrauensvolle Briefwechsel zwischen Mutter und Sohn. Jeden Tag wenigstens eine Postkarte, eine einfache Postkarte, die man vorn und hinten voll schreiben konnte, schickte der Sohn. Und von den Reisen Ansichtskarten, damit die Mutter sich ein Bild machen konnte von dem Ort, wo er sich aufhielt.
Die intimeren Dinge schrieb er natürlich im Brief. Alles erzählte er ihr. [...] Ida Kästner antwortete Erich getreu, Tag um Tag, trotz der vielen Arbeit, die sie plagte. So schrieb sie ihre langen Briefe oft an der Herdkante oder am Küchentisch, neben der Arbeit, zwischen zwei Frisuren, die sie vorm großen Spiegel im Schlafzimmer den Kundinnen aufs Haupt zauberte. Und dann lief sie schnell noch, oft auch mitten in der Nacht, zum Briefkasten, damit der Junge bald ihre Antwort hatte!

Luiselotte Enderle, Kästners Lebensgefährtin

Mutter und Sohn, vor Erichs Studienbeginn in Leipzig

Erich Kästner
an seine Mutter am 10. Januar 1929:

„Es ist so schön, dass wir beide einander lieber haben als alle Mütter und Söhne, die wir kennen, gelt? Es gibt dem Leben erst den tiefsten heimlichen Wert und das größte verborgene Gewicht. Auch wenn man vor Arbeit keine Zeit hat, an den anderen zu denken – im Unterbewusstsein herrscht immer diese unendliche Sicherheit, dass der andere da ist. Was sind denn andere Beziehungen dagegen? Freundschaftliche Liebe und solche Dinge sind daneben ganz unbedeutend. Wir beide sind uns das Wichtigste und dann kommen alle andern noch lange nicht.“

Dein oller Junge

Aufgabe

1. Was „verraten“ die Aussagen von Kästners Lebensgefährtin, die Briefstelle und das Bild über Erich Kästner, den Sohn, und Ida Kästner, die Mutter? Vergleicht und besprecht die „Schlüsseltexte“.

Fortsetzung auf Seite 27

Fortsetzung von Seite 26

Mein liebes, gutes Muttchen, du!

Briefwechsel über viele Jahre

Mein liebes gutes Muttchen! 25.8.26

Für deinen Brief, der heute früh kam, hab recht vielen Dank, gutes Muttchen! Du bist durch den Konflikt zwischen Ilse und mir auch stark aufgeregt worden. Ich glaub dir's. Aber es ließ sich nicht gut vermeiden. Was nun wird, weiß ich nicht. Ilse tut immer noch, als sei nichts weiter los gewesen. Das Beste wird sein, den ganzen Kram nicht mehr zu erwähnen und die Sache laufen zu lassen. Wie's kommt, muss es dann eben gefressen werden.
... Aber genug davon. Ich hab schon viel zu viel darüber nachgedacht und geschrieben. Wenn die andere Seite Klarheit nicht will, kann man reden und schreiben, bis man altbacken und blöd wird. Es nützt gar nichts. [...]

Im Verlag hab ich auch bisschen Ärger gehabt. Mit dem Eisenbahnartikel, dessen Anfang von der „Sächs. Arbeiterzeitung“ als Kitsch usw. bezeichnet worden ist. Na, dazu ist man in diesem Beruf. Man muss sich daran gewöhnen, Sticheleien einzustecken. Für Michael habe ich den zweiten Teil des Referats, von dem der Anfang schon erschienen ist, umarbeiten und ergänzen müssen. Die Decke bringt in ihrem 1. Heft 3 - 4 Sachen von mir. Wenn es nur schon so weit wäre! Ich pumpe mich so durch die Gegend. Wenn bloß die Tante oder irgendeine Zeitung was rausrückte! Na, es rangiert sich schon wieder. - Der andere Eisenbahnartikel wurde überhaupt nicht gebracht, da er zu scharf wäre ... Du kommst schon. Gelt? Schreibst mir bald, ob und wann. Nochmals: vielen vielen Dank für all deine Trostbriefchen. Und tausend Küsse von deinem Jungen

Oberstdorf, 28. Jan. 30

Liebes, gutes Muttchen!
Eben hab ich mein neues MM-Gedicht fertig gestellt. Wird erst morgen früh 6 h mit dem Postzug weiterbefördert. Umständliche Gegend hier. Hast du mein Telegramm erhalten? Ich gab's heute Morgen auf. Und gestern Abend eine Karte.
Die Sonne scheint hier ganz wunderbar. Ich hab einen Balkon und werde mich früh rauslümmeln. Schnee ist wenig da ... Übrigens gefällt mir's schon ganz gut. Grandhotel Kitzbühel war bisschen mehr Betrieb und großartiger. Aber man kann doch nicht unentwegt in dasselbe Nest fahren! Schnee wird dort auch keiner liegen. Vorläufig halte ich's kolossal mit dem Schlafen und merke bereits, wie gut mir das tut. Eben hab ich mich im Spiegel betrachtet und finde, ich sehe schon viel wohler aus.
Der Besuch in Stuttgart war ganz interessant. Der Generaldirektor des Verlags (Deutsche Verlagsanstalt) ein tüchtiger Kerl. Ich werde wahrscheinlich mit ihm abschließen und Kiepenheuer abschreiben ...
Nun Millionen Grüßchen u. Küsschen
von deinem Jungen

14.12.33

Mein liebes, gutes Muttchen! Also, ab heute soll das Geld wieder frei sein. Na, ich gehe aber erst morgen wieder hin. Denn vielleicht haben sie's doch noch nicht mitgeteilt und dann ginge das Theater wieder los. Die polizeiliche Vernehmung war nach 1 1/2 Stunden schon vorüber. Man dachte also, ich lebe in Prag und sei heimlich da, um Geld zu beheben. So ähnlich. Na, Schwamm drüber. Ich erzähl's dir ausführlicher in Dresden.
Und heute gegen Abend soll ich den Reichsverband anrufen. Hoffentlich klappt das auch. Wart ihr in „Emil und die Detektive“? Wie war's denn besucht? Am Sonntag werd ich noch nicht kommen können. Wenn die Reichsverbandssache klappt, versuch ich gleich, mit Stemmle wegen der Verfilmung vom „Fl. Kl.“ was zu erreichen. Und wenn die Verbandssache nicht klappen sollte, muss ich natürlich versuchen, was man noch tun kann.
Ein Glück, dass der Pelz im rechten Moment kam. Das ist ja eine Saukälte, wie? Hoffentlich renkt sich dein kleiner Magen bald wieder ein. Ja?
Heute Abend bin ich wieder mit Weller zusammen. Buhre war in diesen Tagen außerordentlich nett und besorgt meinetwegen.
So, meine Allerbeste, und das Konto Nestorstraße heb ich ab, weil der Filial-Leiter so unverschämt zu mir war.
Milliardonen Gr u Küsschen
von deinem ollen Jungen
Viele Grüße an Papa.

P. [Berlin] 20.1.45
Mein liebes, gutes Muttchen, du!
Wie schön, - heute kam viel Post. Ein Brief vom 27., zwei vom 18. und eine Karte vom 19. Januar. Ich dank dir vielmals! Solche Glücksfälle, wie die Frau aus der Hechtstraße einen hatte, sind hier auch vorgekommen. Trotzdem ist im Allgemeinen der Keller natürlich viel sicherer. Noch dazu, wo eurer so gut umgebaut worden ist. Könnt ihr denn nicht paar Koffer zunächst mal für ein paar Wochen wieder herunterstecken? Damit ihr bei Alarm nicht so schreckliche Schlepperei habt? Das geht ja über das letzte bisschen Gesundheit! Den Friedhof auch getroffen, - sie haben sicher die Kasernen gemeint. Alles, alles Gute!
Mill. Gr. u. K. dein oller Junge
Viele Gr. an Papa

Aufgaben

2. Untersucht die Briefe nach Inhalt und Form. Was schreibt Kästner seiner Mutter, wann, wo, wie?
3. Wie könnte ein Brief der Mutter an ihren Sohn aussehen? Schreibe in ihrem Namen an den Sohn.
4. Schreibe deiner Mutter einen Brief oder eine Karte.

Ein Lebenslauf zum Lesen und Nachdenken

Biografische Notizen über Kästner

Erich Kästner, geboren am 23. 2. 1899 in Dresden, besuchte von 1906 bis 1913 die Volksschule und bis 1917 das Freiherrlich von Fletscher'sche Lehrerseminar in Dresden; 1917/18 Militärdienst, anschließend Abschlusskurs am Lehrerseminar, 1919 Abitur am Dresdner König-Georg-Gymnasium, darauf Studienbeginn in Leipzig (Germanistik, Geschichte, Philosophie, Theatergeschichte); ab 1920 erste Zeitungsveröffentlichungen, 1922 Anstellung am Zeitungswissenschaftlichen Institut in Leipzig und Mitarbeit an der „Neuen Leipziger Zeitung"; 1925 Promotion, Fortsetzung der Redakteurstätigkeit, ab 1927 in Berlin als Theaterkritiker und freier Mitarbeiter u. a. bei „Weltbühne", „Montag Morgen", „Vossische Zeitung"; 1931 Wahl in den PEN-Club[1]; 1933 Verbrennung seiner Bücher durch die Nationalsozialisten, 1934 erstmals und 1937 erneut von der Gestapo verhaftet; 1937 Reise nach Reichenhall bzw. Salzburg; Januar 1943 endgültiges Schreibverbot; März 1945 Filmexpedition nach Mayrhofen/Tirol, im Herbst Gründung des Kabaretts „Die Schaubude" in München, wo Kästner sich als Feuilletonchef der „Neuen Zeitung" niederließ; 1951 Präsident des westdeutschen PEN-Zentrums, Gründung des Münchner Kabaretts „Die kleine Freiheit" im selben Jahr; 1962/63 Sanatoriumsaufenthalt in Agra/Tessin; 1963 Ehrenpräsident des PEN, Januar bis August 1964 wieder in Agra; im Herbst Ausstellung des Goethe-Instituts in München; nach zahlreichen Lesungen auch im europäischen Ausland zieht sich Kästner um 1966 fast vollständig aus dem Literaturbetrieb zurück; er stirbt am 29. 7. 1974 in München.
Preise: Bundesfilmpreis für „Das doppelte Lottchen" (1950); Literaturpreis der Stadt München (1956); Georg-Büchner-Preis (1957); Hans-Christian-Andersen-Medaille des Internationalen Kuratoriums für das Jugendbuch (1960); Erster Preis („Goldener Igel") im internationalen Humoristenwettbewerb der bulgarischen Jugendzeitung „Narodna Mladesch", Sofia (1966); Literaturpreis der Deutschen Freimaurer, Überreichung des Lessing-Rings (1968); Kultureller Ehrenpreis der Landeshauptstadt München (1970); Goldene Ehrenmünze der Landeshauptstadt München (1974).

[1]PEN-Club = Schriftstellerverband

Kästner über sich selbst

Kurz gefasster Lebenslauf

Wer nicht zur Welt kommt, hat nicht viel verloren.
Er sitzt im All auf einem Baum und lacht.
Ich wurde seinerzeit als Kind geboren,
eh ich's gedacht.

Die Schule, wo ich viel vergessen habe,
bestritt seitdem den größten Teil der Zeit.
Ich war ein patentierter Musterknabe.
Wie kam das bloß? Es tut mir jetzt noch Leid.

Dann gab es Weltkrieg statt der großen Ferien.
Ich trieb es mit der Fußartillerie.
Dem Globus lief das Blut aus den Arterien.
Ich lebte weiter. Fragen Sie nicht, wie.

Bis dann die Inflation und Leipzig kamen;
mit Kant und Gotisch, Börse und Büro,
mit Kunst und Politik und jungen Damen.
Und sonntags regnete es sowieso.

Nun bin ich zirka 31 Jahre
und habe eine kleine Versfabrik.
Ach, an den Schläfen blühn schon graue Haare,
und meine Freunde werden langsam dick.

Ich setze mich sehr gerne zwischen Stühle.
Ich säge an dem Ast, auf dem wir sitzen.
Ich gehe durch die Gärten der Gefühle,
die tot sind, und bepflanze sie mit Witzen.

Auch ich muss meinen Rucksack selber tragen!
Der Rucksack wächst. Der Rücken wird nicht breiter.
Zusammenfassend lässt sich etwa sagen:
Ich kam zur Welt und lebe trotzdem weiter.

Kästner, gezeichnet von seinem Freund Erich Ohser

Aufgaben

1. Lies die biografischen Notizen zu Kästner und ordne sie chronologisch in tabellarischer Form.
2. Wie sieht und deutet Erich Kästner selbst einen Lebensabschnitt in seinem Gedicht?
3. Setze die biografischen Tatsachen mit seiner Sichtweise in Beziehung.

Die Schriften von Erich Kästner – verboten und verbrannt

Schon wenige Wochen nach der „Machtergreifung" durch die Nationalsozialisten am 30. Januar 1933 konnte man die ersten Verhaftungen von Regimekritikern beobachten. Darunter befanden sich auch Schriftsteller, wie z. B. der spätere Friedensnobelpreisträger Carl von Ossietzky, der 1938 an den Spätfolgen seiner langjährigen KZ-Haft starb.
Bei der Gleichschaltung der Schriftstellerorganisationen wurden diese in nationalsozialistische Verbände überführt oder verboten. Im März 1933 richtete das Reichspropagandaministerium unter Joseph Goebbels die Reichsschrifttumskammer ein. Wer etwas veröffentlichen wollte, musste dort Mitglied sein. Ein Ausschluss aufgrund von Abstammung oder aus ideologischen Gründen bedeutete Berufsverbot. Dieses Schicksal ereilte auch Erich Kästner.

Am 10. Mai 1933 kam es dann zur so genannten Bücherverbrennung. In fast allen Universitätsstädten Deutschlands wurden Scheiterhaufen errichtet und diejenigen Werke, die dem nationalsozialistischen Gedankengut nicht entsprachen, verbrannt. Organisatoren der Bücherverbrennungen waren die Deutsche Studentenschaft und der Nationalsozialistische Kampfbund für deutsche Kultur.

Kästner war dabei, als auch seine Bücher auf den Scheiterhaufen geworfen wurden, mit Schlachtrufen wie:
„Gegen Dekadenz und moralischen Verfall! Für Zucht und Sitte in Familie und Staat! Ich übergebe der Flamme die Schriften von Heinrich Mann, Ernst Glaeser und Erich Kästner."

Kästner erinnert sich später:
„Und im Jahre 1933 wurden meine Bücher in Berlin, auf dem großen Platz neben der Staatsoper, von einem gewissen Herrn Goebbels mit düster feierlichem Pomp verbrannt. Vierundzwanzig deutsche Schriftsteller, die symbolisch für immer ausgetilgt werden sollten, rief er triumphierend bei Namen. Ich war der Einzige der Vierundzwanzig, der persönlich erschienen war, um dieser theatralischen Frechheit beizuwohnen.
Ich stand vor der Universität, eingekeilt zwischen Studenten in SA-Uniform, den Blüten der Nation, sah unsere Bücher in die zuckenden Flammen fliegen und hörte die schmalzigen Tiraden des kleinen abgefeimten Lügners. Begräbniswetter hing über der Stadt ...
Plötzlich rief ein schrille Frauenstimme: ‚Dort steht ja Kästner!' Eine junge Kabarettistin, die sich mit einem Kollegen durch die Menge zwängte, hatte mich stehen sehen und ihrer Verblüffung übertrieben laut Ausdruck verliehen."

Aus: „Bei Durchsicht meiner Bücher", 1946

Aufgabe

Wie beeinflusst die „Machtergreifung" durch die Nationalsozialisten das Leben der Schriftsteller in Deutschland nach dem 30. Januar 1933?

Fortsetzung auf Seite 30

Auszug aus einer Rede Erich Kästners vor Schriftstellern am 10. Mai 1958:

Meine Damen und Herren, eine Gedenkstunde soll eine Gedächtnisübung sein, und noch etwas mehr. Was hülfe es, wenn sie nur der Erinnerung an arge Zeiten diente, nicht aber der Erinnerung an unser eignes Verhalten? Das heißt, hier und jetzt, für mich nicht mehr und nicht weniger: an mein Verhalten? Ich bin nur ein Beispiel neben anderen Beispielen. Doch da ich mich etwas besser als andere kenne, muss in meiner Rede nun ein wenig von mir die Rede sein.

Ich habe mich, damals schon und seitdem manches Mal, gefragt: „Warum hast du, am 10. Mai 1933 auf dem Opernplatz in Berlin, nicht widersprochen? Hättest du, als der abgefeimte Kerl[1] eure und auch deinen Namen in die Mikrofone brüllte, nicht zurückschreien sollen?" Dass ich dann heute nicht hier stünde, darum geht es jetzt nicht. Nicht einmal, dass es zwecklos gewesen wäre, steht zur Debatte. Helden und Märtyrer stellen solche Fragen nicht ...

Ich hatte angesichts des Scheiterhaufens nicht aufgeschrien. Ich hatte nicht mit der Faust gedroht. Ich hatte sie nur in der Tasche geballt. Warum erzähle ich das? Warum mische ich mich unter die Bekenner? Weil, immer wenn von der Vergangenheit gesprochen wird, auch von der Zukunft die Rede ist. Weil keiner unter uns und überhaupt niemand die Mutfrage beantworten kann, bevor die Zumutung an ihn herantritt. Keiner weiß, ob er aus dem Stoffe gemacht ist, aus dem der entscheidende Augenblick Helden formt. Kein Volk und keine Elite darf die Hände in den Schoß legen und darauf hoffen, dass im Ernstfall, im ernstesten Falle, genügend Helden zur Stelle sein werden.

Die Ereignisse von 1933 bis 1945 hätten spätestens 1928 bekämpft werden müssen. Später war es zu spät. Man darf nicht warten, bis der Freiheitskampf Landesverrat genannt wird. Man darf nicht warten, bis aus dem Schneeball eine Lawine geworden ist. Man muss den rollenden Schneeball zertreten. Die Lawine hält keiner mehr auf. Sie ruht erst, wenn sie alles unter sich begraben hat.

Das ist die Lehre, das ist das Fazit dessen, was uns 1933 widerfuhr. Das ist der Schluss, den wir aus unserer Erfahrung ziehen müssen, und es ist der Schluss meiner Rede. Drohende Diktaturen lassen sich nur bekämpfen, ehe sie die Macht übernommen haben. Es ist eine Angelegenheit des Terminkalenders, nicht des Heroismus. [...]

[1] Goebbels ist gemeint.

Heinrich Böll: Über den Umgang mit Worten

Es ist kein Zufall, dass immer da, wo der Geist als eine Gefahr angesehen wird, als Erstes die Bücher verboten werden, die Zeitungen und Zeitschriften, Rundfunkmeldungen einer strengen Zensur ausgeliefert werden; zwischen zwei Zeilen, auf dieser winzigen weißen Schusslinie des Druckers, kann man Dynamit genug anhäufen, um Welten in die Luft zu sprengen. In allen Staaten, in denen Terror herrscht, ist das Wort fast noch mehr gefürchtet als bewaffneter Widerstand und oft ist das Letzte die Folge des Ersten. Die Sprache kann der letzte Hort der Freiheit sein.

Aufgaben

1. Bringt das Böll-Zitat mit dem faschistischen Terrorakt der Bücherverbrennung in Verbindung und diskutiert über ihre Ursachen und ihre Ziele, Verlauf und ihre Folgen.
2. Wie beurteilt ihr Kästners Rede vor deutschen Schriftstellern, in der er sein damaliges Verhalten rechtfertigt? Welche Lehre zieht er aus dem Ereignis von 1933 für die Gegenwart und die politische Zukunft?

Kästner über Kästner

[...] Ich kenne Leute, die behaupten, über Kästner besser Bescheid zu wissen als gerade ich: ein paar Freunde, ein paar Frauen, ein paar Feinde. Vielleicht war ich tatsächlich zu oft und zu lange mit Kästner zusammen, um über ihn urteilen zu können? Denn erst die Distanz vereinfacht und die echte Vereinfachung ist ja die einzige Methode, jemanden zu zeichnen und zu kennzeichnen. Man darf dem Nagel, den man auf den Kopf treffen will, nicht zu nahe stehen und lieben darf man ihn schon gar nicht ...

Nun, er soll's, vor Ihnen als Zeugen, ruhig hören: Ich bin keineswegs so vernarrt in ihn, dass ich seine Grenzen, Mängel und Fehler nicht sähe und in einem Werturteil über ihn nicht einzukalkulieren wüsste. [...] Da er das Tennis kennt und liebt, will ich diesen Sport zum Vergleiche heranziehen und sagen: Kästner war von den nationalen und internationalen Konkurrenzen zu lange ausgeschaltet, als dass man über seine derzeitige Form genau Bescheid wissen könnte. Für die deutsche Daviscup-Mannschaft würde ich ihn nicht nennen. Höchstens als Ersatzmann. Er wird meiner Meinung, vermute ich, beipflichten. In seinem Alter hat man die Überheblichkeit entweder abgestreift oder man ist ein hoffnungsloser Fall. [...]

So einfach es ist, ihn dem Werte nach zu klassieren, so schwierig scheint es auf den ersten Blick, ihn zu katalogisieren. Welches Etikett soll man ihm aufkleben? Bei vielen anderen ist das viel leichter. [...] Was aber soll man mit jemandem anfangen, der neben satirischen Gedichtbänden [...] – der neben solchen gereimten Injurien Kinderbücher geschrieben hat, denen die Erzieher Anerkennung und die Erzogenen Begeisterung entgegenbringen? Mit einem Schriftsteller, bei dessen „Fabian“ Bardamen, ja sogar Mediziner noch rot werden, dessen humoristische Unterhaltungsromane hingegen in manchen Krankenhäusern verordnet werden wie Kamillenumschläge? Mit jemandem, der für Zeitungen kulturpolitische Leitartikel und für Kabaretts Chansons und Sketche schreibt [...] und dessen nächstes Projekt einem für ihn neuen Gebiete gilt: dem Theater? Wie soll man dieses Durcheinander an Gattungen und Positionen zu einem geschmackvollen Strauße binden?

Und so erhebt sich die fatale Frage, ob seine Arbeiten und Absichten überhaupt untereinander im Bunde sind. [...]

Unser Gast, meine Damen und Herren, ist gar kein Schöngeist, sondern ein Schulmeister! Betrachtet man seine Arbeiten – vom Bilderbuch bis zum verfänglichsten Gedicht – unter diesem Gesichtspunkt, so geht die Rechnung ohne Bruch auf. Er ist ein Moralist. Er ist ein Rationalist. Er ist ein Urenkel der deutschen Aufklärung, spinnefeind der unechten „Tiefe“, die im Lande der Dichter und Denker nie aus der Mode kommt, untertan und zugetan den drei unveräußerlichen Forderungen: nach der Aufrichtigkeit des Empfindens, nach der Klarheit des Denkens und nach der Einfachheit in Wort und Satz.

Er glaubt an den gesunden Menschenverstand wie an ein Wunder und so wäre alles gut und schön, wenn er an Wunder glaubte, doch eben das verbietet ihm der gesunde Menschenverstand. Es steckt jeder in seiner eigenen Zwickmühle. [...]

Auszug aus einer Rede vor dem Züricher PEN-Club 1949

Aufgaben

1. Warum mag Kästner sich entschieden haben, eine Rede über die eigene Person zu halten? Was könnte der Anlass für diese Rede sein?
2. Versuche anhand von Kästners Selbstaussagen eine Kurzcharakteristik zu schreiben.
3. Vergleiche den Inhalt der Rede mit Kästners Biografie. Auf welche Ereignisse wird angespielt, was bleibt ausgeklammert?
4. Schreibe eine ähnliche Laudatio auf eine Person, die du schätzt bzw. über die du viel weißt. Wenn du möchtest, kannst du auch Kästners Beispiel folgen.

Würdigung: James Krüss über Erich Kästner

Kurz gefasster Lebenslauf eines Zeitgenossen
Erich Kästner zum Siebzigsten

Er wählte als Geburtsort Dresden, Sachsen.
Der Ort war hübsch. Der Zeitpunkt war nicht dumm:
Er konnte so in das Jahrhundert wachsen
Und Gleichschritt halten mit dem Säkulum[1].

Er blieb in allen Klassen bei ihm sitzen.
Er lernte alles mit. Von A bis Zett.
Zuerst mit aufgepflanzten Schnurrbartspitzen.
Danach mit aufgepflanztem Bajonett[2].

Sie lernten brav gemeinsam die Lektionen:
Bisschen Moral und sehr viel Politik.
Zuerst das Spiel um Kronen mit Kanonen.
Dann übten sie ein bisschen Republik.

Doch dieses Thema war sehr bald erledigt.
So sahn sie zu, was Volksverführung ist,
Und überlebten Hitler, doch beschädigt,
Das Säkulum und gleichfalls sein Chronist.

Nun kommen der Poet und das Jahrhundert
(Obwohl man's allen beiden nicht recht glaubt)
Schon in die Jahre. Und man fragt verwundert:
Wie? Kästner siebzig? Ist denn das erlaubt?

Es ist erlaubt. Die Zeit treibt solche Späße.
Man dreht sich um: Schon hat man graues Haar.
Doch wenn er heute auf der Schulbank säße:
Er bliebe, der er ist und immer war.

Er bleibt in vielen Fächern halt gescheiter
Als sein Jahrhundert. Und so sitzt er da,
Beguckt die Zeit und paukt und büffelt weiter,
Schon grau meliert, doch ohne Podagra[3].

Er lernt sich jung. Was liegt an grauen Haaren?
Vernünftig bleibt vernünftig. Dumm bleibt dumm.
Was wünschen wir den beiden Jubilaren?
Dem Dichter Glück! Vernunft dem Säkulum!

Anmerkung: Erich Kästner, am 23. Februar 1899, morgens gegen vier Uhr von der Hebamme Schröder zur Welt verholfen, ist ein knappes Jahr älter als das zwanzigste Jahrhundert. Schade, dass das Jahrhundert seinen großen Bruder so selten um Rat gefragt hat.

James Krüss

[1] Säkulum = Jahrhundert
[2] Bajonett = Hieb-, Stoß- und Stichwaffe, auf ein Gewehr aufsetzbar
[3] Podagra = Fußgicht, bes. Gicht der großen Zehe

Aufgaben

1. Der Schriftsteller James Krüss würdigt den schreibenden Kollegen Erich Kästner in seinem Geburtstagsgedicht in heiter-ironischen Versen.
   Vergleicht das Kästner-Gedicht (S. 28) mit dem Krüss-Gedicht und stellt Gemeinsames, Unterschiedliches und Weiterführendes in Sichtweise und Beurteilung heraus.

2. Schreibe – mit Hilfe möglichst vieler biografischer Informationen – deine Kästner-Würdigung.

Fortsetzung auf Seite 33

Fortsetzung von Seite 32

Nachruf: Servus, Kästner!

Am 29. Juli starb in einem Münchner Krankenhaus Erich Kästner. Er war 75 Jahre alt.
- Rudolf Walther Leonhardt in der „ZEIT" vom 2. August 1974 -

Für die Freunde kam sein Tod nicht unerwartet. Die Leser haben lange und vergeblich auf ein neues Buch von ihm gehofft. Während der letzten Jahre hatte sich Erich Kästner ganz in seine Münchner Wohnung zurückgezogen. Lotte, die Frau, die er ein langes Leben hindurch auf seine Weise liebte, hatte es übernommen, ihm alle Störungen, die dauernd auf ihn zukommen wollten, die öffentlichen wie die privaten, so gut wie möglich fern zu halten.

Er, der vom Schreiben und für das Schreiben lebte, war während der letzten Jahre nicht mehr zum Schreiben zu bewegen. Und das ist von all den Paradoxa, die sich für mich mit dem Erlebnis Erich Kästner verbinden, noch das am leichtesten erklärbare: Er besaß ein untrügliches Gefühl für literarische Qualität; und daher hatte er Angst, dass der Schreiber Kästner vor dem Kritiker Kästner nicht mehr bestehen könnte.

Das treffendste Paradoxon entsprang dem diabolisch-genialen Einfühlungsvermögen des jungen Robert Neumann: „Halb Bürgerschreck und halb erschrockener Bürger" - auf diese Formel fand Kästner sich gebracht durch den Parodisten mit fremden Federn oder unter falscher Flagge. Jung-Neumann ahnte wohl nicht, dass er damit eine Verbindung herstellte, die Krieg und Emigration und Rückkehr zum Deutschen überdauern sollte. „Hassliebe" würde ich sie nennen, wenn ich nicht zu wissen glaubte, dass Kästner unfähig war zu hassen und dass am Ende, nach 1945, fast nur noch Liebe da war.

Immer neue Paradoxa:

Kästner war Junggeselle. Aber er liebte Frauen und Kinder. Und er wurde von Frauen und Kindern geliebt.

Kästner war die Anständigkeit und moralische Vernunft in Person. Aber er liebte Striptease und Nachtlokale, er rauchte Zigaretten ohne Filter und trank Whisky, ziemlich viel Whisky.

Kästner, dessen Bücher in vierzig Sprachen übersetzt worden sind, war ein Kosmopolit, ein Weltbürger wie kaum ein anderer deutscher Schriftsteller. Aber er hasste Reisen und vermied es so lange wie irgend möglich, ein Flugzeug zu besteigen.

Kästner war ein Dresdner. Und er ist ein Dresdner geblieben, obwohl während der letzten Jahre für ihn die Alternative Berlin oder München hieß.

Kästner war, wie man es den Sachsen nachsagt, schwierig; aber er hatte, außer den zwischen 1933 und 1945 von Staats wegen Abkommandierten, keine Feinde. Es kränkte ihn, dass die Rezensenten seiner Bücher ihm immer einen Bonus zu geben schienen - Kästner-„Verrisse" gab es nach 1945 kaum; aber herbe Urteile über das, was er geschrieben hatte, kränkten ihn ebenso sehr.

Er war vierunddreißig, als ich ihn zum ersten Mal sah, und vierundsiebzig, als ich ihn zum letzten Mal sah. Er konnte heiter sein, er gab sich gern gleichgültig, er war oft bitter.

Die Rolle, die dem Kinderbuch auf unseren literarischen Bühnen, also etwa in den Rezensionsspalten der Zeitungen, eingeräumt wird, empörte ihn - die Unterschätzung der Leser dabei noch mehr als die Unterschätzung der Autoren. Die Entschuldigung „Kinder lesen doch keine Zeitungen" wollte er nicht gelten lassen. „Umso trauriger für die Zeitungen."

Er schrieb so gerne und so gut für Kinder, wie neben ihm in deutscher Sprache kein Zweiter. Aber er ließ sich nicht gern als „Kinderbuch-Autor" verharmlosen. Er schrieb Theaterstücke wie „Die Schule der Diktatoren" und wusste sich deren Misserfolg nicht zu erklären. Er hatte den „Fabian" geschrieben, gewiss keine Kindersache. Seine Gedichtbände „Herz auf Taille", „Lärm im Spiegel" und „Ein Mann gibt Auskunft" wurden vor Jugendlichen weggeschlossen. Das weiß ich noch, denn ich habe sie als Vierzehnjähriger aus dem elterlichen Giftschrank geklaut und gelernt: „... *wir hatten uns das viel schöner gedacht, wir waren noch Konfirmanden ...*"

Seit 1928 „Emil und die Detektive" erschienen war, konnte er seinen Weltruhm nicht mehr loswerden: den Weltruhm als Kinderbuchautor. Er war ihm schließlich auch ganz recht. Er konnte bequem davon leben und er liebte Kinder wirklich. Doch als ich ihm vorschlug, wir müssten eine Auswahl „Kästner für Erwachsene" machen, war er so begeistert, wie ich ihn nur noch einmal wieder erlebt habe: als eine Berliner Schule seinen Namen bekam.

Damals sah ich ihn ziemlich oft. Er bevorzugte eine altmodische Grußformel, die er, immer ein wenig auf Distanz bedacht, mit dem Familiennamen verband. Er liebte große Worte gar nicht. Das Loch, das er hinterlässt, darf ich deswegen so beschreiben: Es ist mir unvorstellbar, dass ich es nie wieder hören werde, dieses gemütlich dresdenerische, von wehmütig fröhlichem Augenzwinkern begleitete: Servus, Leonhardt!

Aufgaben

1. Leonhards Nachruf auf Erich Kästner ist von sehr persönlicher Natur. Welche Eigenschaften seines Textes unterstützen diesen Eindruck?
2. Stell dir vor, du müsstest Leonhards Text für einen Jugendlexikonbeitrag auf ein Viertel der Textlänge kürzen. Was entfällt? Welche Kernaussagen würdest du beibehalten? Bearbeite den Nachruf in diesem Sinne.
3. In dem Nachruf wird vom Paradoxen, vom Widersprüchlichen, in Kästners Leben und Werk gesprochen. Beurteilst du es heute genauso? Begründe.
4. Worauf beruht der literarische Ruhm des Schriftstellers Erich Kästner?

Der Kinderbuchautor

Der Kinderbuchautor, Studioaufnahme des Ateliers Witten, Bad Nauheim 1930

Aufgaben

1. Beschreibe die Fotografie, die 1930 in einem Atelier aufgenommen wurde.
2. Wie soll das Verhältnis Kästners zu Kindern und umgekehrt das Verhältnis der Kinder zu Kästner in der Fotografie zum Ausdruck gebracht werden?
3. Welche Fragen, glaubst du, haben die beiden Kinder an Erich Kästner? Welche hättest du an ihn? Schreibe sie auf.
4. Überlege, wie man Erich Kästner, den berühmten Kinderbuchautor, auch noch anders für ein Foto in Szene hätte setzen können.
5. Mit welcher Autorin oder welchem Autor möchtest du dich gern einmal unterhalten? Was würde dich besonders interessieren? Entwickle einen Fragebogen.

Titel-Labyrinth für Leseratten

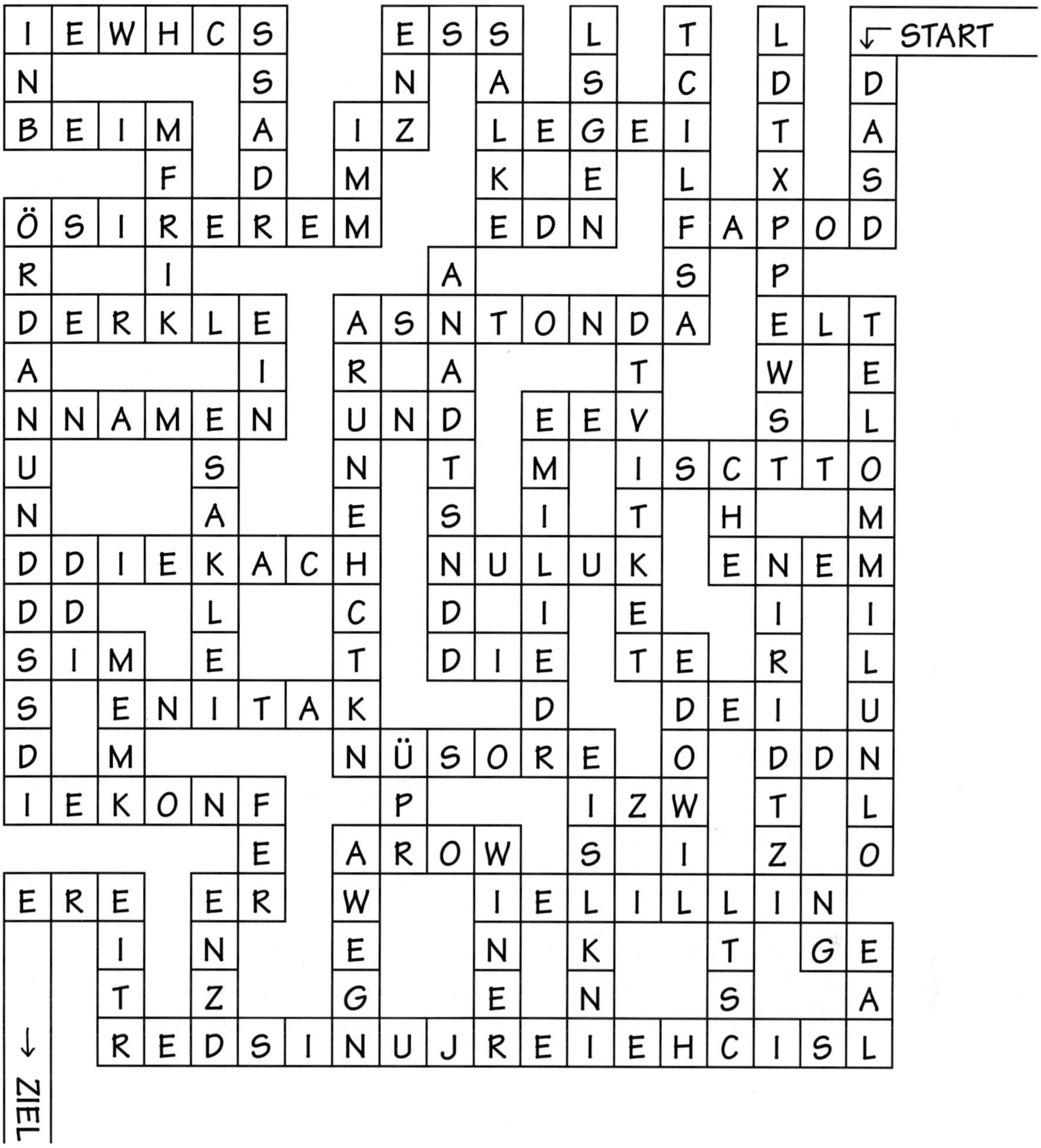

1. Das

Aufgaben

1. Folge der Buchstabenstraße vom Start bis zum Ziel und du findest die Titel von neun bekannten Kinderbüchern Erich Kästners. Aber Vorsicht! Es gibt Sackgassen und Irrwege im Labyrinth für Leseratten.

2. Berichte der Klasse über dein Lieblings-Kästnerbuch und begründe, warum es dir gefällt.

Wer gehört zu wem? – Titel und Titelbild

Viele Bücher Erich Kästners erkennst du auf den ersten Blick. Woran das liegt?
Die Titelbilder sind von Walter Trier illustriert, „ein stiller, ernster Mann mit Kinderaugen", wie ihn der Autor selbst einmal beschrieb.

Walter Trier war ein sehr populärer Zeichner und Karikaturist der zwanziger Jahre. 1936 emigrierte er als 46-Jähriger nach England und Kanada. Dort lebte er bis zu seinem Tod im Jahre 1951.

Kästner mochte die Art, in der Trier die Welt sah und abbildete:
„Alles, was er zeichnete und malte, lächelte und lachte, sogar der Schrank und der Apfel, die Wanduhr und der Damenhut. Alles war und machte heiter. Er sah die Bosheit und wurde nicht böse. Er sah die Dummheit und blieb gelassen. Er sah die Welt, wie sie war, und lächelte sie sich zurecht."

(Aus: Ein deutscher Kleinmeister aus Prag, 1959)

Fortsetzung auf Seite 37

Fortsetzung von Seite 36

Wer gehört zu wem? – Titel und Titelbild

Drei Männer im Schnee

Emil UND DIE DETEKTIVE

Das doppelte Lottchen

DOKTOR ERICH KÄSTNERS LYRISCHE HAUSAPOTHEKE

BEI DURCHSICHT MEINER BÜCHER

Die Konferenz der Tiere

Herz auf Taille

Das fliegende Klassenzimmer

Pünktchen und Anton

Aufgaben

1. Schau dir die Titelillustrationen von Walter Trier genau an. Bestimmt findest du heraus, welches Buch Erich Kästners sie schmücken. Du findest oben eine Auswahl der Buchtitel. Sie hilft dir beim Zuordnen. Tipp: Zwei Titel bleiben übrig.
2. Schreibe nun die passenden Titel auf die dazugehörigen Umschlagbilder! Vielleicht gelingt dir sogar der Originalschriftzug.

Emil und die Detektive – Der Inhalt

EMIL UND DIE DETEKTIVE. Ein Roman für Kinder von **Erich Kästner (1899 - 1974),** erschienen 1928. - Im Vorwort zur Fortsetzung der Geschichte über Emil und seine Detektive, Emil und die drei Zwillinge (1934), die etwa zwei Jahre später an der Ostsee spielt, gibt der Autor selbst eine Inhaltsangabe: „Der erste Band handelte von der ersten Reise des Neustädter Realschülers Emil Tischbein nach Berlin. Emil sollte seiner Großmutter hundertvierzig Mark nach Berlin bringen. Aber das Geld wurde ihm in der Eisenbahn gestohlen, während er schlief. Emil hatte einen Mann in Verdacht, der Grundeis hieß und einen steifen Hut trug. Doch der Junge wusste erstens nicht, ob dieser Herr Grundeis tatsächlich der Dieb war. Und zweitens war Herr Grundeis, als Emil erwachte, nicht mehr im Abteil ..." Emil sieht den Verdächtigen aber an der nächsten Station aussteigen und folgt ihm bis zu einem Café. Zur Polizei mag er nicht gehen, weil er in Neustadt ein Denkmal bemalt hat und deshalb Arrest fürchtet. Er versteckt sich hinter einem Zeitungskiosk und belauert den im Café Sitzenden. Dort spricht ihn ein Berliner Junge, „Gustav mit der Hupe", an, und ihm erzählt er, was geschehen ist. Gustav alarmiert seine Freunde. Er kommt mit ihnen, zwanzig an der Zahl, zu Emil zurück. Sie halten einen Kriegsrat ab, geben ihr Taschengeld her, gründen einen Bereitschaftsdienst, eine Telefonzentrale und andere notwendige Unterabteilungen. Grundeis wird systematisch beschattet und am anderen Morgen, als er das Geld in einer Bank wechseln will, von Emil und seinen Freunden zur Strecke gebracht. Es stellt sich heraus, dass Grundeis ein lange gesuchter Bankräuber ist, für dessen Ergreifung tausend Mark Belohnung ausgesetzt sind, die jetzt Emil erhält.

Wie in allen seinen Romanen (und in seinen Gedichten) ist Kästner auch hier Moralist; vor allem aber ist er ein kluger Pädagoge, der weiß, dass er bei Kindern mit Milde, Humor und Pfiffigkeit mehr ausrichten kann als mit Schärfe und Ironie. Er ist Realist, der die Welt sieht, wie sie ist, und ihre Schlechtigkeit den kindlichen Lesern nicht verschweigt, sondern nur etwas dämpft und vereinfacht. Gleichzeitig glaubt er an das Gute im Menschen und besonders im Kinde. Als „Gustav mit der Hupe" den stadtfremden Emil in Not sieht, hilft er ihm spontan und auch seine Freunde sind sofort bereit, ihre letzten Spargroschen zu opfern. Jeder erfüllt freiwillig seine Pflicht, auch wenn sie so wenig abenteuerlich ist wie die des Kleinsten und Jüngsten, der die Nachrichtenzentrale leitet: „Er hat zwei Tage am Telefon gesessen. Er hat gewusst, was seine Pflicht war. Und er hat sie getan, obwohl sie ihm nicht gefiel." Kameradschaft, Opferbereitschaft, Wahrheits- und Gerechtigkeitsliebe sind die Ideale, die dem jungen Leser nicht aufdringlich, sondern ganz beiläufig und durch die Geschichte selbst nahe gebracht werden. - Das Buch war gleich bei Erscheinen ein großer Erfolg, wurde später auch dramatisiert und verfilmt und ist in mehr als zwanzig Sprachen übersetzt worden.

Aufgaben

1. Dieser Lexikon-Artikel wurde für Erwachsene geschrieben. Woran erkennt man das?
2. Schreibe sie so um, dass sie in einem Romanführer für Kinder stehen könnte.

Emil und die Detektive – Das moderne Berlin

Auf Emils Fahrt nach Berlin kommt es zu folgendem Gespräch:

„So, so, nach Berlin fährst du?“, fragte Herr Grundeis.

„Jawohl, und meine Großmutter wartet am Bahnhof Friedrichstraße am Blumenstand“, antwortete Emil [...].

„Kennst du Berlin schon?“

„Nein.“

„Na, da wirst du aber staunen! In Berlin gibt es neuerdings Häuser, die sind hundert Stockwerke hoch, und die Dächer hat man am Himmel festbinden müssen, damit sie nicht fortwehen ... Und wenn es jemand besonders eilig hat und er will in ein andres Stadtviertel, so packt man ihn auf dem Postamt rasch in eine Kiste, steckt die in eine Röhre und schießt sie, wie einen Rohrpostbrief, zu dem Postamt, das in dem Viertel liegt, wo der Betreffende hinmöchte ... Und wenn man kein Geld hat, geht man auf die Bank und lässt sein Gehirn als Pfand dort und da kriegt man tausend Mark. Der Mensch kann nämlich nur zwei Tage ohne Gehirn leben; und er kriegt es von der Bank erst wieder, wenn er zwölfhundert Mark zurückzahlt. Es sind jetzt kolossal moderne medizinische Apparate erfunden worden und ...“

„Sie haben wohl Ihr Gehirn auch gerade auf der Bank“, sagte der Mann, der so schrecklich schnaufte, zu dem Herrn im steifen Hut und fügte hinzu: „Lassen Sie doch den Blödsinn!“

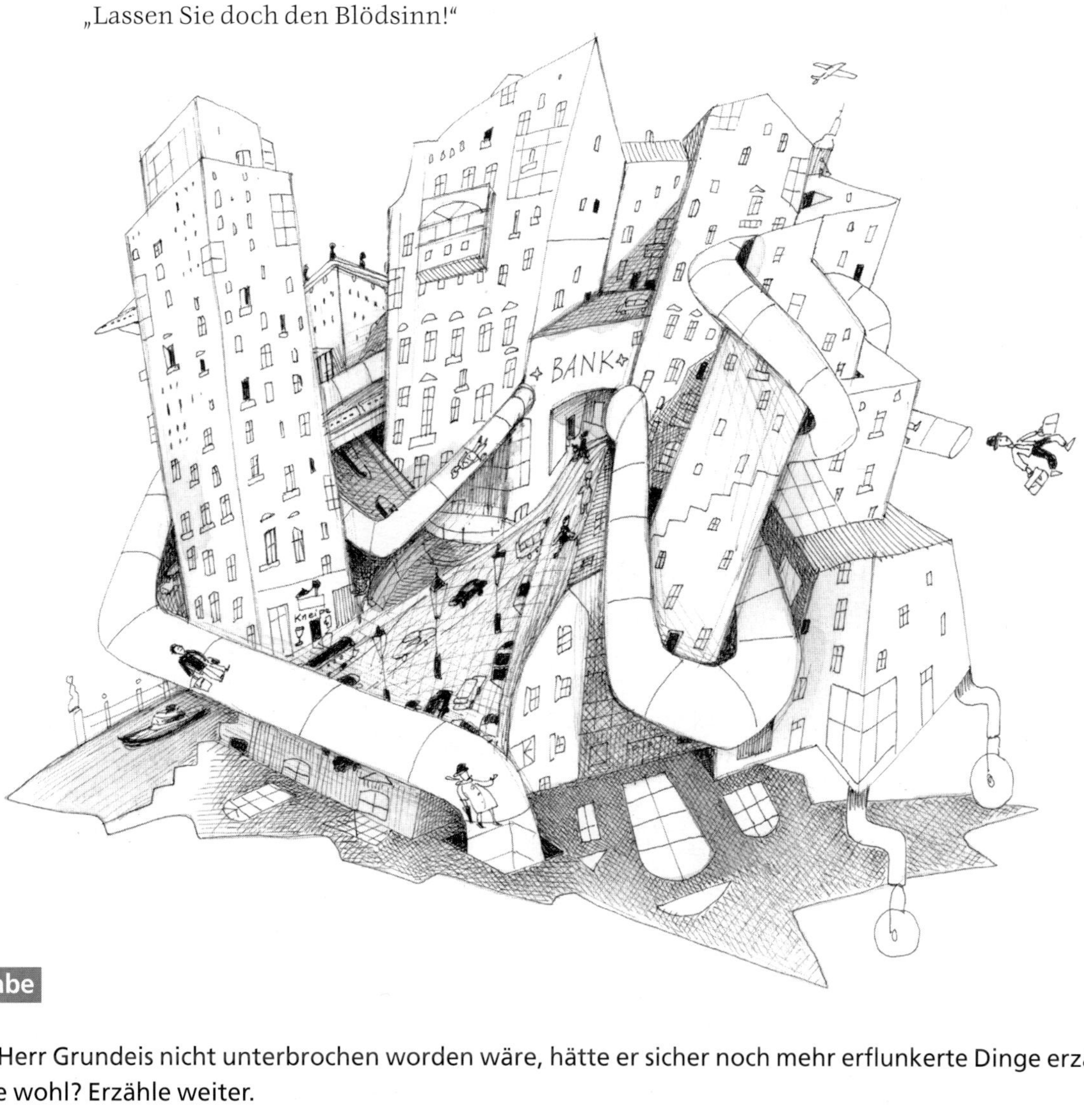

Aufgabe

Wenn Herr Grundeis nicht unterbrochen worden wäre, hätte er sicher noch mehr erflunkerte Dinge erzählt. Welche wohl? Erzähle weiter.

Fortsetzung auf Seite 40

Fortsetzung von Seite 39

Emil und die Detektive – Im Zug nach Berlin

Emil sitzt im Zug nach Berlin. Alle anderen Reisegefährten sind inzwischen ausgestiegen.

Und dann waren er und der Herr mit dem steifen Hut allein. Das gefiel Emil nicht sehr. Ein Mann, der Schokolade verteilt und verrückte Geschichten erzählt, ist nichts Genaues. Emil wollte zur Abwechslung wieder einmal nach dem Kuvert fassen. Er wagte es aber nicht, sondern ging, als der Zug weiterfuhr, auf die Toilette, holte dort das Kuvert aus der Tasche, zählte das Geld – es stimmte immer noch – und war ratlos, was er machen sollte. Endlich kam ihm ein Gedanke. Er nahm eine Nadel, die er im Jackettkragen fand, steckte sie erst durch die drei Scheine, dann durch das Kuvert und schließlich durch das Anzugfutter durch. Er nagelte sozusagen sein Geld fest. So, dachte er, nun kann nichts mehr passieren. Und dann ging er wieder ins Coupé.

Herr Grundeis hatte es sich in einer Ecke gemütlich gemacht und schlief.

Auch Emil schläft schließlich ein, obwohl er das unter keinen Umständen wollte.

Als er aufwachte, setzte sich die Bahn eben wieder in Bewegung. Er war, während er schlief, von der Bank gefallen, lag jetzt am Boden und war sehr erschrocken. Er wusste nur noch nicht recht, weswegen. Sein Herz pochte wie ein Dampfhammer. [...]

Emil setzte sich mit einem Ruck bolzengerade und flüsterte: „Er ist ja fort!" Die Knie zitterten ihm. Ganz langsam stand er auf und klopfte sich mechanisch den Anzug sauber. Jetzt war die nächste Frage: Ist das Geld noch da? Und vor dieser Frage hatte er eine unbeschreibliche Angst.

Lange Zeit stand er an die Tür gelehnt und wagte nicht, sich zu rühren. Dort drüben hatte der Mann, der Grundeis hieß, gesessen und geschlafen und geschnarcht. Und nun war er fort. Natürlich konnte alles in Ordnung sein. Denn eigentlich war es albern, gleich ans Schlimmste zu denken.

[...] Also, er griff sich langsam in die rechte innere Tasche.

Die Tasche war leer! Das Geld war fort!

Emil durchwühlte die Tasche mit der linken Hand. Er befühlte und presste das Jackett von außen mit der rechten. Es blieb dabei: Die Tasche war leer und das Geld war weg.

„Au!" Emil zog die Hand aus der Tasche. Und nicht bloß die Hand, sondern die Nadel dazu, mit der er das Geld vorhin durchbohrt hatte. Nichts als die Stecknadel war übrig geblieben. Und sie saß im linken Zeigefinger, dass er blutete. [...]

Aufgabe

Formuliere die Gedanken, die Emil durch den Kopf schießen, als er den Verlust des Geldes bemerkt.

Fortsetzung auf Seite 41

Fortsetzung von Seite 40

Emil und die Detektive – Mit der Linie 177 durch Berlin

Emil verfolgt den Mann mit dem steifen Hut, von dem er glaubt, dass er ihm sein ganzes Geld gestohlen hat. Als dieser die Straßenbahn besteigt, tut Emil das auch.

Doch was sollte nun werden? Wenn der andere während der Fahrt absprang, war das Geld endgültig weg. Denn mit dem Koffer abspringen, das ging nicht. Das war zu gefährlich.

Diese Autos! Sie drängten sich hastig an der Straßenbahn vorbei; hupten, quiekten, streckten rote Zeiger links und rechts heraus, bogen um die Ecke; andere Autos schoben sich nach. So ein Krach! Und die vielen Menschen auf den Fußsteigen! Und von allen Seiten Straßenbahnen, Fuhrwerke, zweistöckige Autobusse! Zeitungsverkäufer an allen Ecken. Wunderbare Schaufenster mit Blumen, Früchten, Büchern, goldenen Uhren, Kleidern und seidener Wäsche. Und hohe, hohe Häuser.

Das war also Berlin.

Emil hätte sich gern alles in größter Ruhe betrachtet. Aber er hatte keine Zeit dazu. Im vorderen Wagen saß ein Mann, der hatte Emils Geld, konnte jeden Augenblick aussteigen und im Gedränge verschwinden. Dann war es aus. Denn dort hinten, zwischen den Autos und Menschen und Autobussen, da fand man niemanden wieder. Emil steckte den Kopf hinaus. Wenn nun der Kerl schon weg war? Dann fuhr er hier oben allein weiter, wusste nicht wohin, wusste nicht warum, und die Großmutter wartete unterdessen am Bahnhof Friedrichstraße, am Blumenstand, und hatte keine Ahnung, dass ihr Enkel inzwischen auf der Linie 177 quer durch Berlin gondelte und großen Kummer hatte. Es war zum Platzen!

Da hielt die Straßenbahn zum ersten Mal. Emil ließ den Triebwagen nicht aus den Augen. Doch es stieg niemand aus. Es drängten nur viele neue Fahrgäste in die Bahn. Auch an Emil vorbei. Ein Herr schimpfte, weil der Junge den Kopf herausstreckte und im Wege war.

„Siehst du nicht, dass Leute raufwollen?“, brummte er ärgerlich.

Der Schaffner, der im Innern des Wagens Fahrscheine verkaufte, zog an einer Schnur. Es klingelte. Und die Straßenbahn fuhr weiter. Emil stellte sich wieder in seine Ecke, wurde gedrückt und auf die Füße getreten und dachte erschrocken: Ich habe ja kein Geld! Wenn der Schaffner herauskommt, muss ich einen Fahrschein lösen. Und wenn ich es nicht kann, schmeißt er mich raus. Und dann kann ich mich gleich begraben lassen.

Er sah sich die Leute an, die neben ihm standen. Konnte er einen von ihnen am Mantel zupfen und sagen: Borgen Sie mir doch, bitte, das Fahrgeld? Ach, die Menschen hatten so ernste Gesichter! Der eine las Zeitung. Zwei andere unterhielten sich über einen großen Bankeinbruch. [...]

Der Schaffner kam der Tür immer näher. Jetzt stand er schon im Türrahmen und fragte laut: „Wer hat noch keinen Fahrschein?“

Er riss große weiße Zettel ab und machte mit einer Zange eine Reihe Löcher hinein. Die Leute auf dem Perron gaben ihm Geld und bekamen dafür Fahrscheine.

„Na, und du?“, fragte er den Jungen.

Fortsetzung auf Seite 42

Fortsetzung von Seite 41

Emil und die Detektive – Mit der Linie 177 durch Berlin

„Ich habe mein Geld verloren, Herr Schaffner", antwortete Emil. Denn den Diebstahl hätte ihm keiner geglaubt.

„Geld verloren? Das kenn ich. Und wo willst du denn hin?"

„Das ... das weiß ich noch nicht", stotterte Emil.

„So. Na, da steige mal an der nächsten Station wieder ab und überlege dir erst, wo du hinwillst."

„Nein, das geht nicht. Ich muss hier oben bleiben, Herr Schaffner. Bitte schön."

„Wenn ich dir sage, du sollst absteigen, steigst du ab. Verstanden?"

„Geben Sie dem Jungen einen Fahrschein!", sagte da der Herr, der Zeitung gelesen hatte. Er gab dem Schaffner Geld. Und der Schaffner gab Emil einen Fahrschein und erzählte dem Herrn: „Was glauben Sie, wie viele Jungen da täglich raufkommen und einem weismachen, sie hätten das Geld vergessen. Hinterher lachen sie uns aus."

„Der hier lacht uns nicht aus", antwortete der Herr.

Der Schaffner stieg wieder ins Wageninnere.

„Haben Sie vielen, vielen Dank, mein Herr!", sagte Emil.

„Bitte schön, nichts zu danken", meinte der Herr und schaute wieder in seine Zeitung.

Dann hielt die Straßenbahn von neuem. Emil beugte sich hinaus, ob der Mann im steifen Hut ausstiege. Doch es war nichts zu sehen.

„Darf ich vielleicht um Ihre Adresse bitten?", fragte Emil den Herrn.

„Wozu denn?"

„Damit ich Ihnen das Geld zurückgeben kann, sobald ich welches habe. Ich bleibe vielleicht eine Woche in Berlin und da komme ich mal bei Ihnen vorbei. Tischbein ist mein Name. Emil Tischbein aus Neustadt."

„Nein", sagte der Herr, „den Fahrschein habe ich dir selbstverständlich geschenkt. Soll ich dir noch etwas geben?"

„Unter keinen Umständen", erklärte Emil fest, „das nähme ich nicht an!"

„Wie du willst", meinte der Herr und guckte wieder in die Zeitung.

Und die Straßenbahn fuhr. Und sie hielt. Und sie fuhr weiter. Emil las den Namen der schönen breiten Straße. Kaiserallee hieß sie. Er fuhr und wusste nicht, wohin. Im andern Wagen saß ein Dieb. Und vielleicht saßen und standen noch andere Diebe in der Bahn. Niemand kümmerte sich um ihn. Ein fremder Herr hatte ihm zwar einen Fahrschein geschenkt. Doch nun las er schon wieder Zeitung.

Die Stadt war so groß. Und Emil so klein. Und kein Mensch wollte wissen, warum er kein Geld hatte und warum er nicht wusste, wo er aussteigen sollte. Vier Millionen Menschen lebten in Berlin und keiner interessierte sich für Emil Tischbein. Niemand will von den Sorgen des andern etwas wissen. Jeder hat mit seinen eigenen Sorgen und Freuden genug zu tun. Und wenn man sagt: Das tut mir aber wirklich Leid, so meint man meistens gar nichts weiter als: Mensch, lass mich bloß in Ruhe!

Was würde werden? Emil schluckte schwer. Und er fühlte sich sehr, sehr allein.

Aufgaben

Emil hat mit mehreren Problemen zu kämpfen. Unterstreiche die Textstellen. Welche werden gelöst? Wodurch? Mache Vorschläge zur Lösung der übrigen Probleme.

Fortsetzung auf Seite 43

Fortsetzung von Seite 42

Emil und die Detektive – In Berlin

Der Mann hat die Straßenbahn verlassen und sich auf die Terrassen eines Cafés gesetzt. Emil bleibt ihm auf der Spur und versteckt sich hinter einem Zeitungskiosk.

Plötzlich hupte es dicht hinter Emil! Er sprang erschrocken zur Seite, fuhr herum und sah einen Jungen stehen, der ihn auslachte.

„Na Mensch, fall nur nicht gleich vom Stühlchen", sagte der Junge.

„Wer hat denn eben hinter mir gehupt?", fragte Emil.

„Na Mensch, ich natürlich. Du bist wohl nicht aus Wilmersdorf, wie? Sonst wüsstest du längst, dass ich 'ne Hupe in der Hosentasche habe. Ich bin nämlich bekannt wie 'ne Missgeburt."

„Ich bin aus Neustadt. Und komme grade vom Bahnhof."

„So, aus Neustadt? Deswegen hast du so 'nen doofen Anzug an."

„Nimm das zurück! Sonst kleb ich dir eine, dass du scheintot hinfällst."

„Na Mensch", sagte der andere gutmütig, „bist du böse? Das Wetter ist mir zum Boxen zu vornehm. Aber von mir aus, bitte!"

„Verschieben wir's auf später", erklärte Emil, „ich hab jetzt keine Zeit für so was." Und er blickte nach dem Café hinüber, ob Grundeis noch dort säße.

„Ich dachte sogar, du hättest viel Zeit! Stellt sich mit Koffer und Blumenkohl hinter die Zeitungsbude und spielt mit sich selber Verstecken! Da muss man doch glatt zehn bis zwanzig Meter Zeit übrig haben."

„Nein", sagte Emil, „ich beobachte einen Dieb."

„Was? Ich verstehe fortwährend: Dieb", meinte der andre Junge, „wen hat er denn beklaut?"

„Mich!", sagte Emil und war direkt stolz darauf. „In der Eisenbahn. Während ich schlief. Hundertvierzig Mark. Die sollte ich meiner Großmutter hier in Berlin geben. Dann ist er in ein andres Abteil geturnt und am Bahnhof Zoo ausgestiegen. Ich natürlich hinterher, kannst du dir denken. Dann auf die Straßenbahn. Und jetzt sitzt er drüben im Café, mit seinem steifen Hut, und ist guter Laune."

„Na Mensch, das ist ja großartig!", rief der Junge. „Das ist ja wie im Kino! Und was willst du nun anstellen?"

„Keine Ahnung. Immer hinterher. Weiter weiß ich vorderhand nichts." […]

Der Junge mit der Hupe dachte ein Weilchen nach. Dann sagte er: „Also, ich finde die Sache mit dem Dieb knorke. Ganz große Klasse, Ehrenwort! Und, Mensch, wenn du nischt dagegen hast, helfe ich dir." […]

Zehn Minuten später hörte Emil die Hupe wieder. Er drehte sich um und sah, wie mindestens zwei Dutzend Jungen, Gustav allen voran, die Trautenaustraße heraufmarschiert kamen. […]

„Also, meine Herrschaften! Das hier ist Emil aus Neustadt. Das andre hab ich euch schon erzählt. Dort drüben sitzt der Schweinehund, der ihm das Geld geklaut hat. Der rechts an der Kante, mit der schwarzen Melone auf dem Dach. Wenn wir den Bruder entwischen lassen, nennen wir uns alle von morgen ab nur noch Moritz. Verstanden?"

„Aber Gustav, den kriegen wir doch!", sagte ein Junge mit einer Hornbrille.

„Das ist der Professor", erläuterte Gustav. Und Emil gab ihm die Hand.

Dann wurde ihm, der Reihe nach, die ganze Bande vorgestellt.

„So", sagte der Professor, „nun wollen wir mal auf den Akzelerator[1] treten.

[1] *Akzelerator = Beschleuniger*

Der Professor hat auch bald einen Plan dafür, wie die Kinder den Dieb verfolgen können – unter Berücksichtigung von Emils Lage. Denn:

- *Die Polizei darf möglichst nicht eingeschaltet werden.*
- *Am Bahnhof Friedrichstraße warteten Emils Oma und seine Kusine, genannt Pony Hütchen, auf ihn. Emils Zug war dort mittlerweile schon vor eineinhalb Stunden angekommen.*
- *Emils Mutter hofft zu Hause in den nächsten Tagen auf Post, denn Emil sollte sofort nach seiner Ankunft schreiben.*

Fortsetzung auf Seite 44

Fortsetzung von Seite 43

Emil und die Detektive – In Berlin

Neben den zwei Dutzend Freunden von Gustav mit der Hupe und dem Professor mit der Hornbrille spielen im weiteren Geschehen eine wichtige Rolle:

Pony Hütchen, Emils Kusine

Das kleine Kind auf dem kleinen Fahrrad ist Emils Kusine aus Berlin.
Manche Leute behaupten, es heißt nicht Kusine, sondern Base. Ich weiß nicht, wie das bei euch zu Hause ist; aber ich nenne meine Kusinen nicht Basen, sondern Kusinen. Und bei Tischbeins ist es genauso. Aber natürlich, wem es nicht passt, der kann das Fremdwort ja durchstreichen und stattdessen „Base“ drüber- oder drunterschreiben. Deswegen werden wir uns nicht zanken. Im Übrigen ist Pony Hütchen ein reizendes Mädchen und heißt eigentlich ganz anders. Ihre Mutter und Frau Tischbein sind Schwestern. Und Pony Hütchen ist bloß ein Spitzname.

Emils Großmutter

Sie ist die fidelste aller Großmütter, die ich kenne. Dabei hat sie ein Leben lang nichts als Sorgen gehabt. Manchen Menschen macht eben das Lustigsein nicht die geringste Mühe. Für andere ist es dagegen eine anstrengende, ernste Angelegenheit. Früher wohnte Emils Großmutter bei seinen Eltern. Erst als der Klempnermeister Tischbein gestorben war, zog sie zu ihrer anderen Tochter, nach Berlin. Denn Emils Mutter verdiente zu wenig, als dass drei Leute davon hätten leben können. Nun wohnt die alte Frau in Berlin. Und in jedem Brief, den sie schreibt, steht zum Schluss: „Mir geht's gut, was ich von euch auch hoffe.“

Die kleine Bankfiliale

In allen Stadtteilen haben die großen Banken ihre Zweigstellen. Dort kann man, wenn man Geld hat, Aktienkäufe in Auftrag geben, und wenn man ein Konto hat, Geld holen. Auch Schecks kann man einlösen, wenn sie nicht „Zur Verrechnung“ gehen. Manchmal kommen auch Lehrlinge und Laufmädchen hin und wollen für zehn Mark hundert Zehnpfennigstücke haben, damit ihre Kassiererin Kleingeld zum Herausgeben hat. Und wer Dollars oder Schweizer Franken oder Lire in deutsches Geld umgetauscht haben will, kriegt sie hier gewechselt. Sogar nachts kommen die Leute zuweilen in die Bank. Obwohl dann niemand da ist, der sie bedienen kann. Deswegen bedienen sie sich dann selber.

Das Hotel am Nollendorfplatz

Der Nollendorfplatz liegt in Berlin. Und am Nollendorfplatz liegt, wenn ich mich nicht zufällig irre, das Hotel, in dem verschiedene Personen der Geschichte zusammentreffen, ohne sich die Hand zu geben. Das Hotel kann aber auch am Wittenbergplatz stehen. Vielleicht sogar am Fehrbelliner Platz. Das heißt: Ich weiß ganz genau, wo es steht! Aber der Wirt kam zu mir, als er hörte, dass ich ein Buch über die Sache schreibe, und sagte, ich solle doch den Platz nicht nennen. Denn es sei begreiflicherweise, sagte er, für sein Hotel keine Empfehlung, wenn man erführe, dass darin „solche“ Leute übernachten. Das sah ich denn ein. Und dann ging er wieder.

Aufgaben

Schreibe die spannende Geschichte zu Ende. Beziehe die dir bekannten Figuren in die Handlung ein und die oben beschriebenen wichtigen Handlungsorte. Beachte Emils besondere Lage.

Fortsetzung auf Seite 45

Fortsetzung von Seite 44

Emil und die Detektive – In Berlin

Erst am nächsten Tag findet die Verfolgungsjagd ihr Ende, und zwar in der Filiale der Commerzbank.

Als Gustav und der Professor die Bank betraten, stand der Mann im steifen Hut bereits an einem Schalter, an dem ein Schild mit der Aufschrift „Ein- und Auszahlungen" hing, und wartete geduldig, dass er an die Reihe käme. Der Bankbeamte telefonierte.

Der Professor stellte sich neben den Dieb und passte wie ein Schießhund auf. Gustav blieb hinter dem Mann stehen und hielt die Hand, zum Hupen fertig, in der Hosentasche.

Dann kam der Kassierer an den Schalter und fragte den Professor, was er wolle.

„Bitte sehr", sagte der, „der Herr war vor mir da."

„Sie wünschen?", fragte der Kassierer nun Herrn Grundeis.

„Wollen Sie mir, bitte schön, einen Hundertmarkschein in zwei Fünfziger umtauschen und für vierzig Mark Silber geben?", fragte dieser, griff sich in die Tasche und legte einen Hundertmarkschein und zwei Zwanzigmarkscheine auf den Tisch.

Der Kassierer nahm die drei Scheine und ging damit zum Geldschrank.

„Einen Moment!", rief da der Professor laut. „Das Geld ist gestohlen!"

„Waaas?", fragte der Bankbeamte erschrocken, drehte sich um; seine Kollegen, die in den anderen Abteilungen saßen und kopfrechneten, hörten auf zu arbeiten und fuhren hoch, als hätte sie eine Schlange gebissen.

„Das Geld gehört gar nicht dem Herrn. Er hat es einem Freund von mir gestohlen und will es nur umtauschen, damit man ihm nichts nachweisen kann", erklärte der Professor.

„So was von Frechheit ist mir in meinem ganzen Leben noch nicht vorgekommen", sagte Herr Grundeis, fuhr, zum Kassierer gewandt, fort: „Entschuldigen Sie!", und gab dem Professor eine schallende Ohrfeige.

„Dadurch wird die Sache auch nicht anders", meinte der Professor und landete bei Grundeis einen Magenstoß, dass der Mann sich am Tisch festhalten musste. Und jetzt hupte Gustav dreimal entsetzlich laut. Die Bankbeamten sprangen auf und liefen neugierig nach dem Kassenschalter. Der Herr Depositenkassenvorsteher stürzte zornig aus seinem Zimmer.

Und – durch die Tür kamen zehn Jungen gerannt, Emil allen voran, und umringten den Mann mit dem steifen Hut.

„Was, zum Donnerkeil, ist denn mit den Bengels los?", schrie der Vorsteher.

„Die Lausejungen behaupten, ich hätte einem von ihnen das Geld gestohlen, das ich eben Ihrem Kassierer zum Wechseln einzahlte", erzählte Herr Grundeis und zitterte vor Ärger.

„So ist es auch!", rief Emil und sprang an den Schalter. „Einen Hundertmarkschein und zwei Zwanzigmarkscheine hat er mir gestohlen. Gestern Nachmittag. Im Zug, der von Neustadt nach Berlin fuhr! Während ich schlief."

„Ja, kannst du das denn auch beweisen?", fragte der Kassierer streng.

Aufgabe

Wie kann Emil dies beweisen? Erkläre es den Bankbeamten an Stelle von Emil. (Lösung Seite 79)

Die Polizei wird gerufen und der Dieb dingfest gemacht. Auf dem Polizeipräsidium werden alle Aussagen zu Protokoll genommen.
Da klingelt das Telefon, der Kommissar hebt ab.

„Jawohl ... interessante Sache für Sie ... kommen Sie doch mal in mein Zimmer ...", sprach er in den Apparat. Dann hängte er ab und sagte: „Jetzt werden gleich ein paar Herren von der Zeitung erscheinen und dich interviewen."

„Was ist denn das?", fragte Emil.

„Interviewen heißt ausfragen."

„Nicht möglich!", rief Emil. „Da komme ich sogar noch in die Zeitung?"

„Wahrscheinlich", sagte der Kommissar. „Wenn ein Realschüler einen Dieb fängt, wird er eben berühmt."

Dann klopfte es. Und vier Herren traten ins Zimmer. Der Kommissar gab ihnen die Hand und erzählte kurz Emils Erlebnisse. Die vier Herren schrieben fleißig nach.

„Wunderbar!", sagte zum Schluss einer der Reporter. „Der Knabe vom Lande als Detektiv."

Aufgaben

1. **Überlege, welche Fragen die Reporter Emil stellen könnten. Welche Antworten gibt Emil?**
2. **Schreibe an Stelle eines Reporters einen Zeitungsartikel über Emils Fall unter der Überschrift „Der Knabe vom Lande als Detektiv".**
3. **Am Abend findet Emil endlich Zeit dazu, seiner Mutter den gewünschten Brief zu schreiben. Darin berichtet er ihr über die Ereignisse der letzten zwei Tage.**

Formuliere diesen Brief.

Das doppelte Lottchen – Auf einen Blick

DAS DOPPELTE LOTTCHEN. Roman für Kinder von Erich Kästner (1899 - 1974), erschienen 1949. - Im Kinderheim Seebühl am Bühlsee herrscht große Aufregung: Soeben ist ein Autobus mit zwanzig „Neuen“ angekommen, darunter ein ernst dreinschauendes kleines Ding, das zum Erstaunen aller der munteren Luise Palfy aus Wien, die mit ihren Streichen die Horde immer in Atem hält, zum Verwechseln ähnlich sieht. Sie heißt Lotte Körner, kommt aus München und ist todunglücklich, dass ihre „Doppelgängerin“ ihr hasserfüllt einen Tritt gegen das Schienbein versetzt, als sie beide von der resoluten Leiterin des Heims bei Tisch nebeneinander gesetzt werden. Doch dem anfänglichen Kampf, den die übrigen Kinder fleißig schüren, folgen nachts der Waffenstillstand und tags darauf der endgültige Friede. Als sich Luise von Lottchen ihre Locken in Zöpfe flechten lässt, gleichen die beiden einander wirklich wie ein Ei dem anderen. Lotte hat keinen Vater und Luise keine Mutter. Als sich herausstellt, dass sie am gleichen Tag Geburtstag haben und Luise auf einem Foto in Lottes Mutti ihre eigene erkennt, fallen sie sich als neugebackene oder eigentlich als „aufgebackene“ Zwillinge in die Arme. Dass sie ihre geschiedenen Eltern wieder zusammenführen wollen, steht für sie von nun an fest. Sie schmieden einen Plan: Bei Ferienschluss fährt Lotte als Luise nach Wien und Luise als Lotte nach München. Frau Luiselotte Palfy, geborene Körner, arbeitet in einem Illustriertenverlag in München und ist darauf angewiesen, dass ihre Kleine für sie putzt, aufräumt und kocht. Herr Ludwig Palfy ist Komponist und Dirigent an der Wiener Staatsoper, kann sich ein Dienstmädchen leisten und hat außer seiner komfortablen Wohnung noch ein entfernt liegendes Atelier, wo er ungestört komponieren kann, wo er aber auch des Öfteren ein elegantes Fräulein namens Irene Gerlach zu später Stunde empfängt. Die Kinder haben sich jeweils schnell der fremden Umgebung angepasst. Aus dem wilden Racker Luise ist ein liebenswürdiges kleines Fräulein, aus dem ernsten, blassen Lottchen ein pausbäckiger Wildfang geworden. Für Lottchen gilt es nun zu verhindern, dass Fräulein Gerlach Pappis zweite Frau wird. Doch der große Auftritt geht über ihre Kräfte: Mit hohem Fieber muss sie sich ins Bett legen. In München ist indessen der Zufall den Kindern zu Hilfe gekommen: Ein Fotograf, der einstmals Lotte und Luise in Seebühl aufgenommen hat, schickt Abzüge an die Illustriertenredaktion. Von der Mutter zur Rede gestellt, bekennt Lotte-Luise alles. Ein glückliches Wiedersehen an Lottchens Krankenbett und ihre Wiedergenesung bereiten das noch erfreulichere Ereignis vor: Die Eltern werden wieder hei-

ERICH KÄSTNER

der Autor vieler weltbekannter Kinderbücher, ausgezeichnet u. a. mit dem Internationalen Jugendbuchpreis, der Hans - Christian - Andersen - Medaille, hat einmal gesagt: »Die meisten Menschen legen ihre Kindheit ab wie einem alten Hut. Sie vergessen sie wie eine alte Telefonnummer, die nicht mehr gilt. Früher waren sie Kinder, dann wurden sie Erwachsene, aber was sind sie nun? Nur wer erwachsen wird und Kind bleibt, ist ein Mensch!«

ÜBER DAS BUCH

Es ist schon merkwürdig, wenn sich zwei kleine Mädchen, die nichts voneinander wussten, sich plötzlich in einem Ferienheim gegenüberstehen und feststellen müssen, dass sie sich gleichen wie ein Ei dem anderen. Luise Palfy aus Wien hat zwar lange Locken und Lotte Körner aus München zwei streng geflochtene Zöpfe – das ist aber wirklich der einzige Unterschied. Luise und Lotte beschließen, dem Geheimnis ihrer Ähnlichkeit auf den Grund zu gehen: Luise fährt als Lotte nach München zurück und Lotte als Luise nach Wien …

»Mehr als bei jedem anderen Autor fühlt sich der Leser bei der Lektüre von Kästners Werken, wie sehr dieser Mann nicht nur Kindern zugetan war, sondern – in wohlverstandenen Sinne – auch wie ein Kind zu denken und zu fühlen verstand. Ein exzellentes Beispiel dafür ist ›Das doppelte Lottchen‹.«

Deutsche Welle, Köln

ISBN 3-7915-3011-9

9 783791 530116

CECILIE DRESSLER VERLAG

Aufgaben

Vergleiche die beiden Texte. Der eine stammt aus einem Literaturlexikon, der andere steht auf der Rückseite des Buches.
Was haben die Texte gemeinsam?
Worin unterscheiden sie sich?
Weshalb?

Das doppelte Lottchen – Rollentausch

Über das Buch

Es ist schon seltsam, wenn zwei kleine Mädchen, die bisher nichts voneinander wussten, sich plötzlich in einem Kinderheim gegenüberstehen und feststellen müssen, dass sie sich gleichen wie ein Ei dem anderen. Luise Palfy aus Wien hat zwar lange Locken und Lotte Körner aus München zwei streng geflochtene Zöpfe – das ist aber auch wirklich der einzige Unterschied. Bis die beiden Mädchen ihren ersten Schreck überwunden haben, dauert es einige Tage. Aber dann beschließen sie, das Geheimnis ihrer Ähnlichkeit aufzuklären: Luise soll als Lotte nach München zurückfahren und Lotte als Luise nach Wien ...

Die Zwillinge haben Oktavheftchen vor sich liegen, halten Bleistifte in der Hand und im Augenblick diktiert Lotte gerade der emsig kritzelnden Luise: „Am liebsten mag Mutti Nudelsuppe mit Rindfleisch. Das Rindfleisch holst du beim Metzger Huber. Ein halbes Pfund Querrippe, schön durchwachsen."

Luise hebt den Kopf. „Metzger Huber, Max-Emanuel-Straße, Ecke Prinz-Eugen-Straße", schnurrt sie herunter.

Lotte nickt befriedigt. „Das Kochbuch steht im Küchenschrank, im untersten Fach ganz links. Und in dem Buch liegen alle Rezepte, die ich kann."

Luise notiert: „Kochbuch ... Küchenschrank ... unteres Fach ... ganz links ..." Dann stützt sie die Arme auf und meint: „Vor dem Kochen hab ich eine Heidenangst! Aber wenn's in den ersten Tagen schief geht, kann ich vielleicht sagen, ich hätt's in den Ferien verlernt, wie?"

Lotte nickt zögernd.

Dann beugen sich beide wieder über ihre Heftchen und hören einander wechselseitig die Namen der Mitschülerinnen, die Sitzordnung in der Klasse, die Gewohnheiten der Lehrerin und den genauen Schulweg ab.

„Mit dem Schulweg hast du's leichter als ich", meint Luise. „Du sagst Trude ganz einfach, sie soll dich am ersten Tag abholen! Das macht sie manchmal. Na, und da läufst du dann ganz gemütlich neben ihr her und merkst dir die Straßenecken und den übrigen Palawatsch!"

Lotte nickt. Plötzlich erschrickt sie: „Das hab ich dir noch gar nicht gesagt – vergiss ja nicht, Mutti, wenn sie dich zu Bett bringt, einen Gutenachtkuss zu geben!"

Luise blickt vor sich hin. „Das brauch ich mir nicht aufzuschreiben. *Das* vergesse ich bestimmt nicht!"

Aufgaben

Angenommen, jemand will in deine Rolle schlüpfen. Was muss er/sie wissen?
Schreibe zu einem der folgenden Punkte Stichwörter auf: Meine Familie / Unsere Wohnung / Der Schulweg / In der Schule / In der Freizeit.

Das doppelte Lottchen – Die Scheidung

Also, der Herr Kapellmeister Ludwig Palfy ist ein Künstler und Künstler sind bekanntlich seltsame Lebewesen. Er trägt zwar keine Kalabreser und keine flatternden Krawatten, im Gegenteil, er ist ganz manierlich gekleidet, sauber und beinahe elegant.

Aber sein Innenleben! Das ist kompliziert! Oh! Sein Innenleben, das hat es in sich! Wenn er einen musikalischen Einfall hat, muss er, um ihn zu notieren und kompositorisch auszugestalten, auf der Stelle allein sein. Und so einen Einfall hat er womöglich auf einer großen Gesellschaft! „Wo ist denn Palfy hin?", fragt dann der Hausherr. Und irgendjemand antwortet: „Es wird ihm wohl wieder etwas eingefallen sein!" Der Hausherr lächelt sauersüß, bei sich aber denkt er: ‚Flegel! Man kann doch nicht bei jedem Einfall weglaufen!' Doch der Kapellmeister Palfy, der kann!

Der lief auch aus der eigenen Wohnung fort, als er noch verheiratet war, damals, blutjung, verliebt, ehrgeizig, selig und verrückt in einem!

Und als dann gar die kleinen Zwillinge in der Wohnung Tag und Nacht krähten und die Wiener Philharmoniker sein Erstes Klavierkonzert uraufführten, da ließ er einfach den Flügel abholen und in ein Atelier am Ring bringen, das er in seiner künstlerischen Verzweiflung gemietet hatte!

Und da er damals sehr viele Einfälle hatte, kam er nur noch sehr selten zu seiner jungen Frau und den brüllenden Zwillingen.

Luiselotte Palfy, geb. Körner, kaum zwanzig Jahre alt, fand das nicht sehr fidel. Und als ihr zu den kaum zwanzigjährigen Ohren kam, dass der Herr Gemahl in seinem Atelier nicht nur Noten malte, sondern auch mit Opernsängerinnen, die ihn sehr nett fanden, Gesangsrollen studierte, da reichte sie empört die Scheidung ein!

Nun war der um seine schöpferische Einsamkeit so besorgte Kapellmeister fein heraus. Nun konnte er so viel allein sein, wie er wollte. Den ihm nach der Scheidung verbliebenen Zwilling versorgte in der Rotenturmstraße ein tüchtiges Kindermädchen. Um ihn selber, im Atelier am Ring, kümmerte er sich, wie er sich's so sehnlich gewünscht hatte, kein Aas!

Das war ihm nun mit einem Male auch nicht recht. O diese Künstler! Sie wissen wirklich nicht, was sie wollen! Immerhin, er komponierte und dirigierte fleißig und wurde von Jahr zu Jahr berühmter. Außerdem konnte der ja, wenn ihn der Katzenjammer packte, in die andere Behausung gehen und mit Luise, dem Töchterchen, spielen.

Sooft in München ein Konzert war, bei dem neue Werke von Ludwig Palfy aufgeführt wurden, kaufte sich Luiselotte Körner ein Billett, saß dann, mit gesenktem Kopf, in einer der letzten, billigen Reihen und entnahm der Musik ihres geschiedenen Mannes, dass er kein glücklicher Mensch geworden war. Trotz seiner Erfolge. Und trotz seiner Einsamkeit.

Aufgaben

1. Weshalb haben sich die Eltern von Lotte und Luise scheiden lassen? Schreibe die Gründe der Mutter und des Vaters auf.

2. Woran erkennt man, dass sie sich trotzdem noch mögen?

Fortsetzung auf Seite 49

Fortsetzung von Seite 48

Scheidung im Kinder- und Jugendbuch?

Als „Das doppelte Lottchen" 1949 erschien, waren konservativ eingestellte Pädagogen empört: Allzu offen wurde in einem Buch für Kinder und Jugendliche die Problematik einer Scheidung angesprochen. Bücher sollten das Bild einer idealen Familie vermitteln, da hatte Scheidung keinen Platz!

Erich Kästner muss diese kritischen Stimmen wohl geahnt haben, denn er schreibt in „Das doppelte Lottchen" hierzu:

„Als Shirley Temple[1] ein kleines Mädchen von sieben, acht Jahren war, war sie doch schon ein auf der ganzen Erde berühmter Filmstar und die Firmen verdienten viele Millionen Dollar mit ihr. Wenn Shirley aber mit ihrer Mutter in ein Kino gehen wollte, um sich einen Shirley-Temple-Film anzuschauen, ließ man sie nicht hinein. Sie war noch zu jung. Es war verboten. Sie durfte nur Filme drehen. Das war erlaubt. Dafür war sie alt genug.

Wenn der Erwachsene, der euch über die Schulter guckt, das Beispiel von Shirley Temple und den Zusammenhang mit Luises und Lottes Eltern und ihrer Scheidung nicht verstanden hat, dann richtet ihm einen schönen Gruß von mir aus, und ich ließe ihm sagen, es gäbe auf der Welt sehr viele geschiedene Eltern und es gäbe sehr viele Kinder, die darunter litten! Und es gäbe sehr viele andere Kinder, die darunter litten, dass ihre Eltern sich nicht scheiden ließen! Wenn man aber den Kindern zumutete, unter diesen Zuständen zu leiden, dann sei es doch wohl allzu zartfühlend, und außerdem verkehrt, nicht mit ihnen darüber in verständiger und verständlicher Form zu sprechen!"

[1] *Shirley Temple (*1928): amerikanische Filmschauspielerin, in den 30er Jahren berühmt als Kinderstar*

Filmplakat von 1950

Aufgabe

Teilst du die Meinung von Erich Kästner?
Oder sollten manche Themen in Kinderbüchern vermieden werden?

Fortsetzung auf Seite 50

Fortsetzung von Seite 49

Das doppelte Lottchen – Kästner und der Film

Ein Zwilling erzählt

Josef von Bakys Plan, das „Doppelte Lottchen" zu verfilmen, konnte 1950 realisiert werden. Erich Kästner schrieb den Roman nun zum Drehbuch um und war bei den Filmarbeiten von Anfang an dabei.

Die Auswahl der Zwillinge für die Darstellung der Titelrolle gestaltete sich zu einem gewaltigen Publicity-Spektakel. Die zwölfjährigen Schwestern Isa und Jutta Günther machten das Rennen. Jutta Günther erinnerte sich später an die Auswahl und die Dreharbeiten:

„Ich hatte das Buch kurz vorher gelesen. Und ich war begeistert, hin und her gerissen, habe es angefangen und nicht wieder weggelegt, bis ich damit fertig war. Ich habe mich insgeheim schon mit der Rolle identifiziert, ohne überhaupt zu ahnen, dass ein Film daraus wird ...

... Wir haben uns gemeldet und mit uns ungefähr 120 andere Zwillingspaare. Erst mal wurden wir alle in das Studio nach München-Geiselgasteig eingeladen. Das war ein riesengroßes Ereignis, das sogar in den Wochenschauen gezeigt wurde. Dann begann das Aussuchen. Der Erich Kästner und der Josef von Baky waren dabei, wenn auch nicht so häufig. Er hat ja die Zwischentexte zum Film gesprochen. Wir waren auch mal bei ihm zu Hause eingeladen und haben uns mit ihm unterhalten. Er war unheimlich nett zu uns ...

... Ich kann mich noch gut daran erinnern, dass wir sehr leicht gelernt haben und eigentlich überhaupt keine Texte auswendig können mussten. Wir hatten einen hervorragenden Mann, der mit uns die Texte durchsprach, das Drehbuch hatten wir gar nicht in der Hand. Diesen Mann nannten wir den ‚Zwillingsdompteur'."

Aufgaben

1. Wie hat Jutta Günther die Filmaufnahmen erlebt?

2. Stelle dir vor, du wärst zusammen mit deiner Schwester ausgewählt worden. Erzähle deinem Tagebuch von diesem Erlebnis.

3. Warum wirken sich Filmrollen für manche Kinderstars negativ auf ihr weiteres Leben aus?

Die Konferenz der Tiere

Erich Kästner & Walter Trier
nach einer Idee von Jella Lepman

telegramm an alle welt: –..–
konferenz in london beendet –..–
verhandlungen ergebnislos –..–
bildung von vier internationalen
kommissionen –..– nächste konferenz
beschlossen –..– wegen
tagungsort noch meinungs-
verschiedenheiten
–..––..–––..––––

Eines schönen Tages wurde es den Tieren zu dumm. Der Löwe Alois, der sich mit Oskar, dem Elefanten, und dem Giraffenmännchen Leopold wie immer freitags zum Abendschoppen am Tsadsee in Nordafrika traf, sagte, seine Künstlermähne schüttelnd: „O diese Menschen! Wenn ich nicht so blond wäre, könnte ich mich auf der Stelle schwarz ärgern!“ [...]

„Mir tun bloß die Kinder Leid, die sie haben“, meinte der Elefant Oskar und ließ die Ohren hängen. „So nette Kinder! Und immer müssen sie die Kriege und die Revolutionen und Streiks mitmachen, und dann sagen die Großen noch: Sie hätten alles nur getan, damit es den Kindern später einmal besser ginge. So eine Frechheit, was?“ [...]

„Da! Lies! Wieder eine Konferenz zum Teufel!
O diese Menschen! Sie können nur zerstören!“ [...]

telegramm an alle welt: –..–
konferenz der aussenminister in
paris abgebrochen –..– keine
resultate –..– verstimmung in
den hauptstädten –..– wiederauf-
nahme der konferenz donnerstag
in vier wochen –..– überall
geheime kabinettssitzungen
anberaumt –..––..––..

Nach einer Nacht voller merkwürdiger Träume rannte der Elefant, noch verschlafen und in Pantoffeln, in aller Herrgottsfrühe zum Telefon und meldete sechs Ferngespräche an: eines mit seinem kleinen Neffen, dem Tapir Theodor, in Südamerika; eins mit dem Känguru Gustav in Australien; eines mit dem alten Eisbären Paul am Nordpol; eins mit der Eule Ulrich in Mitteleuropa; das fünfte mit der Maus Max in Asien und das sechste mit Reinhold, dem Stier, in Nordamerika.

Aufgaben

1. Konferenzen kennt ihr: Klassenkonferenzen, Zeugniskonferenzen, Schulkonferenzen ... Warum werden diese Konferenzen einberufen? Wer nimmt an ihnen teil? Zu welchen Ergebnissen sollen sie führen? Erkundigt euch auch bei euren Lehrerinnen und Lehrern.
2. In der „großen Politik“ ist es nicht so einfach, durch Konferenzen Lösungen für Probleme zu finden. Wo und wann und wozu treffen sich die Regierenden der Welt zu Konferenzen? Kennt ihr Beispiele? *Fortsetzung auf Seite 52*

Fortsetzung von Seite 51

Die Konferenz der Tiere

Da hatten die Störche und Flamingos, die im ägyptischen Hauptpostamt als Telefonfräuleins angestellt waren, mächtig zu tun. Erst gab es ein paar Fehlverbindungen, aber schließlich klappte es. „Hört bitte genau zu!", rief Oskar, der Elefant. „Mit den Menschen geht das so nicht weiter! Versteht ihr mich?" „Ja, Oskar!", antworteten die sechs, so laut sie konnten. „Ich habe eine Idee gehabt!", brüllte der Elefant. „Es ist ihrer Kinder wegen, bloß deshalb! Eine ausgezeichnete Idee! Das heißt, mir und meiner Frau gefällt sie sehr gut ... Sie ist bestimmt nicht übel ... Nein, schlecht ist sie nicht ... Es gibt dümmere Einfälle ... Warum sagt ihr denn gar nichts?" „Wir warten auf deine Idee!", rief der Stier Reinhold in Nordamerika. „Ach so!", sagte der Elefant, und alle sieben mussten lachen. „Nun verrate sie uns schon!", kicherte die Maus Max in Asien. „Also hört zu!", rief der Elefant. „Die Menschen machen in einem fort Konferenzen, ohne etwas zu erreichen, und so ist meine Idee, dass wir auch – eine Konferenz abhalten!"

Nach diesen Worten blieb es in den sechs Telefonleitungen ziemlich lange still. Schließlich schnatterten und klapperten die Flamingos und Störche ungeduldig mit den Schnäbeln und fragten spitz: „Sprechen sie noch?" „Unterstehen Sie sich, mich zu trennen!", trompetete der Elefant. Dann brüllte er: „Paul! Theodor! Max! Reinhold! Ulrich! Gustav! Seid ihr plötzlich taubstumm geworden?" „Das nun nicht gerade", meinte der Eisbär und wiegte nachdenklich den weißen Kopf, „es ist nur ein bisschen merkwürdig ... Erst schimpfst du auf die Konferenzen, und dann ..." „Paul hat ganz Recht", schnarrte die Eule, „erst schimpfst du und nun sollen wir selber so ein Ding abhalten!" „Hui!", pfiff Max, die Maus. „Wir werden uns blamieren, passt auf!" „Den Teufel werden wir tun!", donnerte Oskar. „Es liegt doch nicht an den Konferenzen, sondern an den Menschen! Habt ihr denn gar keine Selbstachtung, wie? Das wäre ja gelacht! Hört zu, ihr Angstmeier: Heute in vier Wochen versammeln sich sämtliche Abordnungen im Hochhaus der Tiere! Verständigt umgehend alle Gattungen und Arten! Termin – heute in vier Wochen! Treffpunkt – Hochhaus der Tiere! Da werden wir ja sehen, ob ..."

„Die fünf Minuten sind um", schnatterten die Telefonfräuleins im ägyptischen Hauptpostamt, „wir müssen trennen." „Dumme Gänse", brummte Oskar verärgert. „Gänse?", riefen die Telefonfräuleins empört. „Erlauben Sie mal! Hier werden nur Störche und Flamingos beschäftigt!" „Dann also: Dumme Stelzfüßler!", meinte der Elefant achselzuckend und hängte ein. Er war völlig erschöpft und musste sich die Stirn abtrocknen. (Sein Taschentuch war übrigens vier Meter lang und vier Meter breit.)

Aufgabe

Erich Kästner schreibt 1949 in seiner „Konferenz der Tiere": „Wir werden die Welt schon in Ordnung bringen", sagten die Tiere, „wir sind ja schließlich keine Menschen!"
Warum lädt Oskar, der Elefant, Tiere aus der ganzen Welt zu einer Konferenz ein? Welche Probleme müssen auf die Tagesordnung kommen? Wie könnten die Lösungen aussehen? Schreibt die Tagesordnung, diskutiert über mögliche Probleme und notiert Lösungsvorschläge.

Fortsetzung auf Seite 53

Fortsetzung von Seite 52

Die Konferenz der Tiere

Dank der Initiative des Elefanten Oskar, des Löwen Alois und des Giraffenmännchens Leopold kommt die Konferenz der Tiere zustande.
Was bisher unmöglich war, gelingt den Tieren, wenn sie auch zu den schärfsten Mitteln greifen müssen:

telegramm an alle welt: –..– sämtliche kinder spurlos verschwunden –..– drittes und letztes ultimatum der tiere –..– konferenz in kapstadt mit sofortverhandlungen einverstanden –..– sonderflugzeuge bereits unterwegs, um tierdelegation abzuholen –..– spätestens dreizehn uhr mit eintreffen der delegation in kapstadt zu rechnen –..– bitte an alle eltern, ruhe zu bewahren –..–

Am nächsten Morgen, als die Sonne heraufkam, saßen die Tiere mit den Staatshäuptern noch immer am Tisch. Alois gähnte und riss dabei das Maul so weit auf, dass Herr Zornmüller erschrocken wegrückte. Oskar sagte: „Wir geben Ihnen noch zwei Minuten Zeit. Wenn Sie dann nicht unterschreiben, gehe ich auf den Balkon und halte eine kurze Ansprache an die vorm Palast versammelten Menschen. Ich vermute, dass Sie nach meiner kleinen Rede nicht mehr lange regieren werden." Da endlich zogen die Herren die Füllfederhalter heraus und unterzeichneten den Vertrag. Die Tiere hatten gesiegt!

Aufgaben

1. Wie könnte der Vertrag lauten, den die Staatshäupter zum Wohle der Menschen unterzeichnen? Schreibe einen solchen Vertrag und vergleiche mit der Lösung, die Kästner erfand. (Lösung Seite 79)

2. Schreibe einen Zeitungsartikel über den Ausgang der Konferenz der Tiere.

Das Märchen vom Glück

Siebzig war er gut und gern, der alte Mann, der mir in der verräucherten Kneipe gegenübersaß. Sein Schopf sah aus, als habe es darauf geschneit, und die Augen blitzten wie eine blank gefegte Eisbahn. „O, sind die Menschen dumm", sagte er und schüttelte den Kopf, dass ich dachte, gleich müssten Schneeflocken aus seinem Haar aufwirbeln. „Das Glück ist ja schließlich keine Dauerwurst, von der man sich täglich seine Scheibe herunterschneiden kann!"

„Stimmt", meinte ich, „das Glück hat ganz und gar nichts Geräuchertes an sich. Obwohl ..." „Obwohl?" „Obwohl gerade Sie aussehen, als hinge bei Ihnen zu Hause der Schinken des Glücks im Rauchfang." „Ich bin eine Ausnahme", sagte er und trank einen Schluck. „Ich bin die Ausnahme. Ich bin nämlich der Mann, der einen Wunsch frei hat."

Er blickte mir prüfend ins Gesicht und dann erzählte er seine Geschichte. „Das ist lange her", begann er und stützte den Kopf in beide Hände, „sehr lange. Vierzig Jahre. Ich war noch jung und litt am Leben wie an einer geschwollenen Backe. Da setzte sich, als ich eines Mittags verbittert auf einer grünen Parkbank hockte, ein alter Mann neben mich und sagte beiläufig: ‚Also gut. Wir haben es uns überlegt. Du hast drei Wünsche frei.' Ich starrte in meine Zeitung und tat, als hätte ich nichts gehört. ‚Wünsch dir, was du willst', fuhr er fort, ‚die schönste Frau oder das meiste Geld oder den größten Schnurrbart – das ist deine Sache. Aber werde endlich glücklich! Deine Unzufriedenheit geht uns auf die Nerven.' Er sah aus wie der Weihnachtsmann in Zivil. Weißer Vollbart, rote Apfelbäckchen, Augenbrauen wie aus Christbaumwatte. Gar nichts Verrücktes. Vielleicht ein bisschen zu gutmütig. Nachdem ich ihn eingehend betrachtet hatte, starrte ich wieder in meine Zeitung. ‚Obwohl es uns nichts angeht, was du mit deinen drei Wünschen machst', sagte er, ‚wäre es natürlich kein Fehler, wenn du dir die Angelegenheit vorher genau überlegtest. Denn drei Wünsche sind nicht vier Wünsche oder fünf, sondern drei. Und wenn du hinterher noch immer neidisch und unglücklich wärst, könnten wir dir und uns nicht mehr helfen.' Ich weiß nicht, ob Sie sich in meine Lage versetzen können. Ich saß auf einer Bank und haderte mit Gott und der Welt. In der Ferne klingelten die Straßenbahnen. Die Wachtparade zog irgendwo mit Pauken und Trompeten zum Schloss. Und neben mir saß nun dieser alte Quatschkopf!"

„Sie wurden wütend?"

„Ich wurde wütend. Mir war zumute wie einem Kessel kurz vorm Zerplatzen. Und als er sein weiß wattiertes Großvatermündchen von neuem aufmachen wollte, stieß ich zornzitternd hervor: ‚Damit Sie alter Esel mich nicht länger duzen, nehme ich mir die Freiheit, meinen ersten und innigsten Wunsch auszusprechen – scheren Sie sich zum Teufel!' Das war nicht fein und höflich, aber ich konnte einfach nicht anders. Es hätte mich sonst zerrissen."

„Und?"

„Was ‚Und'?"

„War er weg?"

„Ach so! – Natürlich war er weg! Wie fortgeweht. In der gleichen Sekunde. In nichts aufgelöst. Ich guckte sogar unter die Bank. Aber dort war er auch nicht. Mir wurde ganz übel vor lauter Schreck. Die Sache mit den Wünschen schien zu stimmen! Und der erste Wunsch hatte sich bereits erfüllt! Du meine Güte! Und wenn er sich erfüllt hatte, dann war der gute, liebe, brave Großpapa, wer er nun auch sein mochte, nicht nur weg, nicht nur von meiner Bank verschwunden, nein, dann war er beim Teufel! Dann war er in der Hölle! ‚Sei nicht albern', sagte ich zu mir selber. ‚Die Hölle gibt es ja gar nicht und den Teufel auch nicht.' Aber die drei Wünsche, gab's denn die? Und trotzdem war der alte Mann, kaum hatte ich's gewünscht, verschwunden ... Mir wurde heiß und kalt. Mir schlotterten die Knie. Was sollte ich machen? Der alte Mann musste wieder her, ob's nun eine Hölle gab oder nicht. Das war ich ihm schuldig. Ich musste meinen zweiten Wunsch dransetzen, den zweiten von dreien, o, ich Ochse! Oder sollte ich ihn lassen, wo er war? Mit seinen hübschen, roten Apfelbäckchen? Bratapfelbäckchen, dachte ich schaudernd. Mir blieb keine Wahl. Ich schloss die Augen und flüsterte ängstlich: ‚Ich wünsche mir, dass der alte Mann wieder neben mir sitzt!' Wissen Sie, ich habe mir jahrelang, bis in den Traum hinein, die bittersten Vorwürfe gemacht, dass ich den zweiten Wunsch auf diese Weise verschleudert habe, doch ich sah damals keinen Ausweg. Es gab ja auch keinen ..."

„Und?"

„Was ‚Und'?"

„War er wieder da?"

„Ach so! – Natürlich war er wieder da! In der nämlichen Sekunde. Er saß wieder neben mir, als wäre er nie fortgewünscht gewesen. Das heißt, man sah's ihm schon an, dass er ... dass er irgendwo gewesen war, wo es verteufelt, ich meine, wo es sehr heiß sein musste.

Fortsetzung auf Seite 55

Fortsetzung von Seite 54

Das Märchen vom Glück

O ja. Die buschigen weißen Augenbrauen waren ein bisschen verbrannt. Und der schöne Vollbart hatte auch etwas gelitten. Besonders an den Rändern. Außerdem roch's wie nach versengter Gans. Er blickte mich vorwurfsvoll an. Dann zog er ein Bartbürstchen aus der Brusttasche, putzte sich Bart und Brauen und sagte gekränkt: ‚Hören Sie, junger Mann – fein war das nicht von Ihnen!' Ich stotterte eine Entschuldigung. Wie Leid es mir täte. Ich hätte doch nicht an die drei Wünsche geglaubt. Und außerdem hätte ich immerhin versucht, den Schaden wieder gutzumachen. ‚Das ist richtig', meinte er. ‚Es wurde aber auch höchste Zeit.' Dann lächelte er. Er lächelte so freundlich, dass mir fast die Tränen kamen. ‚Nun haben Sie nur noch einen Wunsch frei', sagte er, ‚den dritten. Mit ihm gehen Sie hoffentlich ein bisschen vorsichtiger um. Versprechen Sie mir das?' Ich nickte und schluckte. ‚Ja', antwortete ich dann, ‚aber nur, wenn Sie mich wieder duzen.' Da musste er lachen. ‚Gut, mein Junge', sagte er und gab mir die Hand. ‚Leb wohl. Sei nicht allzu unglücklich. Und gib auf deinen letzten Wunsch Acht.' – ‚Ich verspreche es Ihnen', erwiderte ich feierlich. Doch er war schon weg. Wie fortgeblasen."

„Und?"

„Was ‚Und'?"

„Seitdem sind Sie glücklich?"

„Ach so. – Glücklich?" Mein Nachbar stand auf, nahm Hut und Mantel vom Garderobehaken, sah mich mit seinen blitzblanken Augen an und sagte: „Den letzten Wunsch hab ich vierzig Jahre lang nicht angerührt. Manchmal war ich nahe dran. Aber nein. Wünsche sind nur gut, solange man sie noch vor sich hat. Leben Sie wohl."

Ich sah vom Fenster aus, wie er über die Straße ging. Die Schneeflocken umtanzten ihn. Und er hatte ganz vergessen, mir zu sagen, ob wenigstens er glücklich sei. Oder hatte er mir absichtlich nicht geantwortet? Das ist natürlich auch möglich.

(1948)

Aufgaben

1. Was würdest du dir wünschen, wenn du drei Wünsche frei hättest?
2. Welche Schlussfolgerungen vermittelt der Text für das Glücklichsein? Formuliere Ratschläge.
3. Erkläre die Sätze:
   „Das Glück ist ja schließlich keine Dauerwurst, von der man sich täglich seine Scheibe herunterschneiden kann."
   „Wünsche sind nur gut, solange man sie noch vor sich hat."

Das Schwein beim Friseur

Schon seit Wochen hingen dem kleinen Berthold die Haare über den Kragen und seine Mutter überlegte sich, wie sie ihn zum Friseur kriegen könnte. Sie sagte, er sähe wie ein Mädchen aus, und lauter ähnlich kränkende Sachen. Aber Berthold, obwohl er sonst ziemlich brav war, schüttelte den Kopf und antwortete immer: „Wenn ich doch nicht mag!“ Das machte: Ihm fehlte der Vater, denn der war früh gestorben. Und außerdem ließ sich der Junge lieber drei Backenzähne ziehen als einmal die Haare schneiden. Na ja, so war er eben.

Da kam der Mutter eine Idee. Sie versprach dem Jungen, sie wolle mit ihm zum ‚Friseur am Zoo‘ gehen. Damit war Berthold sofort einverstanden. Der ‚Friseur am Zoo‘ war nämlich etwas besonders Feines. Erst mussten sie durch den Herrensalon. Hier wurde mit Schlagsahne eingeseift und rasiert, und Berthold schimpfte innerlich, weil er noch keinen Bart hatte. Dann war ein Herr da, der ärgerte sich über seine abstehenden Ohren. Und da ließ er sich mit Brennscheren, mit denen man sonst die Haare umlegt, seine Ohren so lange biegen, bis sie ordentlich und glatt am Kopf anlagen. Einem alten Herrn, der eine große Glatze hatte, wurde Haarsamen auf die kahle Billardkugel gesät; dann kam ein Gehilfe mit einer Gießkanne, begoss den Kopf, und schon krochen die ersten Haarspitzen aus dem Schädel. Berthold lachte und fragte, ob auch noch Blumen herauswüchsen. Da wurde der Herr böse. Und die Mutter zog den Jungen schnell fort.

Im Kinderzimmer vom ‚Friseur am Zoo‘ war es noch viel großartiger. Vor jedem Spiegel stand ein Tier, ein lebendiges, versteht sich, und da stiegen die Kinder in den Sattel und klopften den Tieren auf den Rücken, fütterten sie, kraulten sie hinter den Ohren und merkten so kaum, dass ihnen inzwischen ein Friseurgehilfe das Haar schnitt. Es gab da ein Pony, einen Esel, ein Schwein, einen Hirsch, einen jungen Elefanten, einen Bernhardinerhund und ein zahmes Einhorn.

Als Berthold kam, waren schon mehrere Kinder da und nur das Schwein lag noch auf dem Teppich und grunzte. Es war auf Kinder nicht gut zu sprechen, weil die überallhin lieber wollten als auf ein Schwein. Berthold wollte auch nicht darauf und das Schwein dachte bei sich: Dafür werde ich dich ärgern!

Kurz und gut, das Schwein wurde gesattelt und Berthold musste hinaufklettern. Als er oben saß, kam auch schon der Friseur mit einer Schere und einem Kamm und fing an, die Haare auf der linken Seite wegzuschneiden. Plötzlich trat das Schwein von einem Bein aufs andere und verlangte: „Streichle mich!“ Aber der Junge schüttelte den Kopf. Dabei tat ihm die Schere des Friseurs weh. Er stieß versehentlich dem Schwein in die Flanken und das begann sofort, wütend im Salon hin und her zu rennen.

Der Friseur setzte sich hinter dem Jungen auf den Schweinerücken und versuchte im Haarschneiden fortzufahren. Das Schwein lief wie angestochen umher und machte alle übrigen Tiere furchtbar nervös. Die schimpften sehr und das Einhorn drehte sich um und kitzelte das Schwein mit dem Horn. Da quiekte das Schwein, rannte zur Tür hinaus, durch den Herrensalon, die Treppe hinunter und auf die Straße.

Aufgaben

1. Was glaubst du, passiert nun? Erzähle. Erst dann lies weiter im Lösungsteil auf Seite 79.
2. Illustriere die Geschichte.
3. Erfinde eine weitere Geschichte mit dem Schwein.

Wahres Geschichtchen

Voraussetzungen, die eine zwingende Schlussfolgerung zulassen, nennt man, wie jeder Mittelschüler in und außer Dienst gern bestätigen wird, Prämissen. Die folgende wahre Geschichte hat der Prämissen zwei. Erstens: Kunst und Wirklichkeit sind in der Lage, die seltsamsten chemischen Verbindungen einzugehen. Zweitens: Die Tiroler sind lustig. Das Subjekt der zweiten Prämisse ließe sich beliebig erweitern. Aber im vorliegenden Falle, den mir eine uns allen bekannte Schauspielerin erzählte, handelt sich's nun einmal um die Tiroler. Wahre Geschichten soll man nicht durch Fantasie - zehn Tropfen auf ein Liter Tatsachen - verwässern. Was ich hier erzähle, ist die ungepanschte Wahrheit.

Neulich - im Jahre 1948 - drehte man in Tirol einen Film. Der Film war, wie sich das gehört, „zeitnahe". Weil der Film zeitnah war, das heißt, weil er im Dritten Reich spielte, brauchte man etliche SS-Männer. Weil es keine echten SS-Männer mehr gibt und weil zu wenig echte Schauspieler zur Hand waren, suchte der Regisseur unter den männlichen Dorfschönen die acht Schönsten, Herrlichsten, Athletischsten, Größten, Gesündesten, Männlichsten aus, ließ ihnen vom Kostümfritzen prächtige schwarze Uniformen schneidern und benutzte beide, die Schönen und die Uniformen, für seine Außenaufnahmen. Er war mit beiden recht zufrieden. Die Alpenbewohner haben ja einen natürlichen Hang zur, sagen wir, Schauspielerei. Die Raunächte, das jesuitische Barocktheater, die Bauernbühnen - die Lust am Sichverstellen und die Fähigkeit dazu, es liegt den Leuten im Blut.

In einer Drehpause, vielleicht waren zu viel oder zu wenig Wolken am Himmel, schritten nun die acht falschen SS-Männer fürbass[1] zum Wirtshaus. Tiroler Landwein ist etwas sehr Hübsches. Die Filmgage auch. Die acht sahen gewisse Möglichkeiten. Indes sie so schritten, kam ihnen der Autobus entgegen, der dort oben im Gebirg' den Verkehr und die Zivilisation aufrechterhält. Und weil die Tiroler so lustig sind, stellten sich unsere acht SS-Männer dem Vehikel in den Weg. Der Bus hielt. Einer der acht riss die Wagentür auf und brüllte: „Alles aussteigen!" Und ein Zweiter sagte, während er die zitternd herauskletternden Fahrgäste musterte: „Da samma wieda!" Ich weiß nicht, ob ich bei diesem Satz die richtige phonetische[2] Schreibweise anwende. Auf alle Fälle wollte der Zweite zum Ausdruck bringen, dass nunmehr die SS und das Dritte Reich wiedergekehrt seien.

Es geht nichts über den angeborenen Trieb, sich zu verstellen, und die diesem Trieb adäquate Begabung. Die Fahrgäste schlotterten vor so viel Echtheit, dass man's förmlich hören konnte.

Die acht begannen, barsche Fragen zu stellen, Brieftaschen zu betrachten und die Pässe zu visitieren. Tirol gehört ja zu Österreich und in Österreich hat man bekanntlich schon wieder Pässe. Während die acht nun ihre schauspielerische Bravour vorbildlich zum Besten gaben, kam der Herr Regisseur des Weges, sah den Unfug, rief seine Film-SS zur Ordnung, schickte sie ins Wirtshaus und entschuldigte sich zirka tausendmal bei den blass gewordenen Reisenden, die nervös und schnatternd auf der Landstraße herumstanden. Bei einem der Fahrgäste musste sich der Regisseur sogar drinnen im Omnibus entschuldigen. Es war ein alter, kränklicher Herr, dieser letzte Fahrgast. Er hatte vor Schreck nicht aussteigen können. Er stammte aus der Gegend. Er war das gewesen, was man heutzutage einen „Gegner des Dritten Reiches" nennt. Er hatte das seinerzeit gelegentlich zum Ausdruck gebracht und infolgedessen mit der SS Bekanntschaft machen müssen. Nun saß er also, bleich wie der Tod, in der Ecke, unfähig, sich zu rühren, stumm, entsetzt, ein Bild des Jammers.

„Aber, lieber Herr", sagte der Filmregisseur, „beruhigen Sie sich doch, bittschön. Wir drehen einen zeitnahen Film, wissen Sie. Dazu braucht man SS-Männer. Die Szene, die Sie eben erlebt haben, hat weder mit dem Film noch mit der Wirklichkeit etwas zu tun. Es war eine Lausbüberei, nichts weiter. Die Buam sind Lausbuam und Jugend hat keine Tugend und nehmen Sie's doch nicht so tragisch. Es sind harmlose, muntere Skilehrer und Hirten aus dem Dorf hier!" Da schüttelte der alte Herr den Kopf und sagte leise: „Ich habe in dieser Gegend mit der SS öfter zu tun gehabt, Herr Regisseur. Sie haben gut ausgewählt, Herr Regisseur. Es sind ... *dieselben!*"

(August 1948)

[1] fürbass schreiten = veraltet für weiterschreiten

[2] phonetisch = hier: lautlich

Aufgaben

1. Gliedere die Kurzgeschichte und interpretiere die einzelnen Abschnitte.
2. Verdeutliche, wie im Text die zwei vorangestellten Prämissen umgesetzt werden.
3. Deute die Überschrift.
4. In zwei verschiedenen Zeitungen wird über den Vorfall in Tirol geschrieben. Die eine berichtet in der Spalte „Kurioses", die andere gibt Interviews mit beteiligten Personen wieder und kommentiert das Geschehen. Schreibe als Reporter einen der beiden Artikel. Vergleicht und diskutiert eure Entwürfe.

Paula vorm Haus

Eigentlich heißt sie Paula Schmidt. Weil sie aber zwischen den Mandelbäumchen, Fliederbüschen und Silbertannen im elterlichen Vorgarten steht, nennt man sie seit siebzehn Jahren, so alt wurde sie im März, gemeinhin Paula vorm Haus. Sie ist bildhübsch, hat frische Farben, lacht gern und war nie ernstlich krank. Das will bei einem Menschen, der, so lange schon, Tag und Nacht und bei jedem Wetter im Freien lebt und nicht vom Flecke kann, einiges bedeuten.

Professor Schwerdtfeger, der bekannte Gelehrte, der das Kind – es wuchs damals schon im Garten – als Erster eingehend untersuchte und einwandfrei feststellte, dass es statt der Füße Wurzeln besitze, bezeichnete Paula anschließend, in den Medizinischen Vierteljahrsheften, als die „reizendste Aberration[1] der Natur". Kirchliche Kreise hingegen empfanden das Ereignis, für das noch die Bezeichnung „negatives Wunder" zu nachsichtig klinge, als einen Skandal. Gleichviel, die Kleine wuchs, zur Freude und Sorge der Eltern, unverdrossen heran.

Sie wurde, begreiflicherweise, zu einer Sensation. Fotos von ihr und Artikel über sie erschienen in allen Zeitungen und Zeitschriften. Das Bild des Kindes, das erwiesenermaßen festgewurzelt zwischen den blühenden Büschen stand und mit ihnen um die Wette zu lachen schien, rührte und beschäftigte monatelang die ganze Welt. Einige der Fremden, die damals den Ort überschwemmten, machten dem Ehepaare Schmidt nahezu unwiderstehliche Angebote. Eine Zeitschrift stellte ihnen eine ansehnliche Lebensrente in Aussicht, falls sie sich bereit fänden, Tatsachen oder wenigstens Vermutungen niederzuschreiben und notariell beglaubigen zu lassen, die geeignet wären, die Neugierde der Leser wenn schon nicht zu befriedigen, so doch erträglich zu gestalten. Ein Impresario[2] bot eine horrende Summe, wenn er das Kind ausgraben, eintopfen und in den Weltstädten gegen Eintritt ausstellen dürfe. Zur Ehre der Eltern sei gesagt, dass sie diesen goldnen Verlockungen, ohne lange zu zögern, einträchtig widerstanden.

Geringfügigeren Versuchungen gaben sie, wenigstens in den ersten Jahren, gelegentlich nach. Da stand dann etwa die Kleine lächelnd vorm Haus und auf dem Plakat, das sie in den Händen hielt, lasen die sich drängenden Zaungäste: „Auch ich trage Steiners Kinderkleider." Oder man zog ihr, bei schlechtem Wetter, einen Regenmantel an und sie rief alle fünf Minuten vergnügt: „Immerdicht hält immer dicht!" Oder sie aß fleißig Marmeladebrote und ein Schild neben ihr behauptete, Kruses Konfitüren seien die besten. Auch solche vergleichsweise unschuldigen Geschäfte brachten Geld. Und die Eltern verwendeten es, im Großen und Ganzen, für die Beschaffung erstklassiger Gartenerde.

Mit der Zeit rissen andere Sensationen die öffentliche Aufmerksamkeit an sich und Paula verlebte eine einigermaßen normale Kindheit. Vom Schulbesuch hatte man sie allerdings befreien müssen. Doch Herr Korbgiebel, der grauhaarige Hauptlehrer, kam, wenn es nicht gerade regnete oder schneite, samt der singenden Klasse, den aufgerollten Landkarten, der schwarzen Wandtafel, dem munter klappernden menschlichen Skelett und anderen Lehrmitteln in Schmidts Garten marschiert und erteilte seinen milde trocknen Unterricht zwischen Flieder, Tannen und Jasmin. Der Bezirksschulrat, der gelegentlich nach dem Rechten sah, war zufrieden. Paula lernte leicht und las viel. Reisebeschreibungen hatten es ihr besonders angetan. Bei einem Kinde, dem bereits der Blick um die nächste Straßenecke verwehrt blieb, war das verständlich genug.

An den schulfreien Nachmittagen saß die Mutter neben ihr und strickte. Meist wurden es fußlose, mit Reißverschlüssen statt mit Rücknähten versehene Wollstrümpfe. Man plauderte miteinander und mit Nachbarn und Bekannten, oder Paula malte. Ihr Vater, ein tüchtiger Schreiner, hatte ihr eine Staffelei gezimmert, und das Kind brachte, mit Wasserfarben und Buntstiften, allerlei zustande. Das Bild „Unser Marktplatz, den ich nie sehen werde" hängt seit vier Jahren im Büro des Bürgermeisters, und er zeigt es seinen Besuchern nicht ohne Stolz und Rührung.

Heute ... *(Auszug)*

[1] Aberration = Abweichung

[2] Impresario = Theater-, Konzertagent

Aufgaben

1. Paula hat trotz ihres „Verwurzeltseins" einiges erlebt. Berichte von ihrem sensationellsten Erlebnis.
2. Auch die Schule blieb Paula nicht erspart. Beschreibe einen Schultag aus der Sicht einer Mitschülerin oder eines Mitschülers.
3. Was könnte Paula heute erleben? Erzähle weiter.

Weltreise durchs Zimmer

Ihr bindet einen Schleier vors Gesicht
Und sagt: Ihr müsstet unbedingt verreisen
Nach Madagaskar, Schottland oder Meißen.
Wohin, ist Wurst. Nur bleiben dürft ihr nicht.
In eine Tüte stopft ihr dann den Pass,
Den Kragenschoner und die Kleiderbürste,
Ein Bügeleisen und zwei Leberwürste,
Und in die Zwischenräume irgendwas.
Dann seid ihr reisefertig, und ihr müsst
Den Tisch behutsam auf den Rücken legen.
Und ihr besteigt das Schiff der Abfahrt wegen,
Wobei ihr Herta, die nicht mitfährt, küsst.
Dann schifft ihr fort. Das Tischtuch weht im Wind.
Der Teppich schlägt mit Hertas Hilfe Wellen.
Ihr stoßt auf Rom und kreuzt die Dardanellen,
Wo wilde Völkerstämme üblich sind.
Das Seekrankwerden lasst ihr besser sein.
Es ist nicht leicht und ruiniert die Sachen.
Ihr braucht die Reise nicht so echt zu machen
Und lauft dann schnell in Madagaskar ein.
Das Sofa stellt den Felsenrücken dar.
Dort könnt ihr (wenn die Eltern fort sind) stranden,
Sonst ist es klüger, ungestört zu landen.
Am Ufer schreit ihr laut: Wie wunderbar!
Wenn ihr dann eine Zeit lang fröhlich wart,
Vom Vertiko herab auf Löwen zieltet
Und Mutters Zopf für eine Schlange hieltet,
Geht ihr zum Tisch, auf dem ihr heimwärts fahrt.
Zu Haus erzählt ihr, wie es euch gefiel:
Erzählt von Sonnenstich und Menschenfressern,
Von Nasenringen, Gift und krummen Messern –
Doch das ist eigentlich ein neues Spiel!

Aufgaben

1. Kästners Gedicht ist auch als Spielanweisung zu lesen. Wie lauten die Regeln? Welche Requisiten werden benötigt? Und wie könnte das Spiel heißen?

2. Die große, weite Welt draußen ins eigene Wohnzimmer holen ... Unterstreiche mit unterschiedlichen Farben die Wörter, die einerseits dem Bereich „Zuhause" und andererseits dem Bereich „Fremde" oder „Ferne" zugeordnet werden können.

3. Eine „Weltreise durchs Zimmer" (so nennt Kästner sein Gedicht) ist doch ein Widerspruch in sich – oder? Erläutere den Widerspruch, der sich durch das gesamte Gedicht zieht, auch mit Hilfe der Unterstreichungen aus Aufgabe 2.

4. Am Ende deutet sich eine Geschichte in der Geschichte (Z. 30–31) an. Erzähle diese Abenteuergeschichte.

5. Schreibe, wenn du möchtest, auch in Reimform, eine eigene Fantasiereise, die deine alltägliche Umgebung in einen völlig neuen Raum verwandelt.

Vornehme Leute, 1200 Meter hoch

Vornehme Leute, 1200 Meter hoch

Sie sitzen in den Grandhotels.
Ringsum sind Eis und Schnee.
Ringsum sind Berg und Wald und Fels.
Sie sitzen in den Grandhotels
und trinken immer Tee.

Sie haben ihren Smoking an.
Im Walde klirrt der Frost.
Ein kleines Reh hüpft durch den Tann.
Sie haben ihren Smoking an
und lauern auf die Post.

Sie tanzen Blues im Blauen Saal,
wobei es draußen schneit.
Es blitzt und donnert manches Mal.
Sie tanzen Blues im Blauen Saal
und haben keine Zeit.

Sie schwärmen sehr für die Natur
und heben den Verkehr.
Sie schwärmen sehr für die Natur
und kennen die Umgebung nur
von Ansichtskarten her.

Sie sitzen in den Grandhotels
und sprechen viel von Sport.
Und einmal treten sie, im Pelz,
sogar vors Tor der Grandhotels –
und fahren wieder fort.

(1929)

Kästner im Frack, Kitzbühel, Österreich, 1932

Aufgaben

1. Unterstreiche alles, was die vornehmen Leute tun, rot. Unterstreiche das, wovon sie nichts mitbekommen, grün.

2. Was hält das lyrische Ich von diesen Leuten? Lies das Gedicht mit Betonung so vor, dass seine Meinung deutlich wird.

3. Womit könnte das Grandhotel seine Gäste locken? Entwirf eine Werbeanzeige.

4. Ein Animateur soll die Gäste ins Freie locken. Wie könnte sein Plakat aussehen, das er in die Hotelhalle hängt?

Maskenball im Hochgebirge

Maskenball im Hochgebirge

Eines schönen Abends wurden alle
Gäste des Hotels verrückt, und sie

____

____

Und sie sausten über weiße Hänge.
Und der Vollmond wurde förmlich fahl.

____

____

Manche Frauen trugen nichts als Flitter.
Andre Frauen waren in Trikots.

____

____

Sieben Rehe starben auf der Stelle.
Diese armen Tiere traf der Schlag.

____

____

Die Umgebung glich gefrornen Betten.
Auf die Abendkleider fiel der Reif.

____

____

Das Gebirge machte böse Miene.
Das Gebirge wollte seine Ruh.

____

____

Dieser Vorgang ist ganz leicht erklärlich.
Der Natur riss einfach die Geduld.

____

____

Man begrub die kalten Herrn und Damen.
Und auch etwas Gutes war dabei:

____

____

(1930)

Andere Gründe gibt es hierfür schwerlich.
Den Verkehrsverein trifft keine Schuld.

Möglich, dass es an der Jazzkapelle –
denn auch die war mitgefahren – lag.

Für die Gäste, die am Mittwoch kamen,
wurden endlich ein paar Zimmer frei.

Und mit einer mittleren Lawine
deckte es die blöde Bande zu.

rannten Schlager brüllend aus der Halle
in die Dunkelheit und fuhren Ski.

Und er zog sich staunend in die Länge.
So etwas sah er zum ersten Mal.

Ein Fabrikdirektor kam als Ritter.
Und der Helm war ihm zwei Kopf zu groß.

Zähne klapperten wie Kastagnetten.
Frau von Cottas Brüste wurden steif.

Aufgaben

1. Setzt in Partnerarbeit das Gedicht „Maskenball im Hochgebirge" zusammen.
2. Fertigt eine Collage zu diesem Gedicht an.

Im Auto über Land

Im Auto über Land

An besonders ______
ist der Himmel sozusagen
wie aus blauem ______.
Und die Federwolken gleichen
weißen, zart getuschten ______,
wie wir sie auf Schalen sahn.

Alle Welt fühlt sich gehoben,
blinzelt glücklich schräg ______
und bewundert ______.
Vater ruft, direkt verwegen:
„'n Wetter, glatt ______!"
(Na, er renommiert[1] wohl nur.)

Und er steuert ______
über Hügel und durch Täler.
Tante Paula wird ______.
Doch die übrige Verwandtschaft
blickt begeistert ______.
Und der Landschaft ist es recht.

Um den Kopf weht eine Brise
von besonnter Luft ______,
dividiert durch viel Benzin.
Onkel Theobald berichtet,
was er alles sieht ______.
Doch man sieht's auch ______.

Den Gesang nach Kräften pflegend
und sich rhythmisch ______
strömt die Menschheit durchs Revier.
Immer rascher jagt ______.
Und wir hören Vatern sagen:
„Dauernd Wald und ______."

Aber schließlich hilft sein Suchen.
Er kriegt Bier. Wir kriegen ______.
Und das Auto ruht sich aus.
Tante schimpft auf ______.
Und allmählich wird es kälter.
Und dann fahren wir ______.

(1936)

[1] renommieren = angeben, prahlen

Zeichen – es schlecht – Porzellan – nach oben – ohne Fehler – nach Haus – die Gehälter – nirgends Bier – und sichtet – in die Landschaft – die Natur – ohne ihn – und Wiese – Kuchen – schönen Tagen – zum Eierlegen – der Wagen – fortbewegend

Aufgaben

1. Setze die aus dem Rahmen gefallenen Reimwörter an ihren richtigen Platz (Lösung Seite 79/80).
2. Wie sieht die jugendliche Sprecherin oder der jugendliche Sprecher die Autofahrt über Land? Mit welchen sprachlichen Mitteln werden die Empfindungen verdeutlicht?
3. Versuche das Gedicht im „schnoddrigen" Kästner-Ton vorzutragen.
4. Am Abend schreibt die oder der Jugendliche einen Brief an eine Freundin oder einen Freund oder nimmt einen Tagebucheintrag vor. Formuliere an ihrer bzw. seiner Stelle.

Der Handstand auf der Loreley

Lyrik und Prosa mit Bass und Teelöffel

Erich Kästner-Projekt im Rathaus

In der Saarbrücker Stadtbibliothek gehören die Werke von Erich Kästner, ob „Fabian“ oder „Das fliegende Klassenzimmer“, seit langem zu den erfolgreichen Titeln. Ein Stockwerk über der Bibliothek, im Festsaal des Rathauses, erwies jetzt ein Trio den Gedichten und kurzen Prosatexten des Autors seinen Respekt. Sie nennen das: Kästner-Projekt.

Der Schauspieler Peter Heuel und die Musiker Evelin Degen und Peter Böving führten durch Werke, die thematisch einen weiten Bogen spannten zwischen den Alltagsgeschichten wie „Der Doktor kommt“ oder „Abschied in der Vorstadt“ und den stärker politischen Arbeiten wie „Stimmen aus dem Massengrab“.
Das Ungewöhnliche war dabei die Inszenierung der Texte, die das Trio nie einfach nur vortrug, sondern stets mimisch und musikalisch umsetzte. Heuel rezitierte die Worte Kästners stets ausdrucksstark, mal laut deklamierend bei „Sachliche Romanze“, mal atemlos runterratternd und bei „Zeitgenossen haufenweise“ sogar stotternd. Peter Böving an der Bassgitarre untermalte die Vorträge mit Eigenkompositionen, hüllte dabei etwa das Gedicht „November“ in melancholische Moll-Akkorde:
Eine reizvolle Art der Umsetzung von Literatur! Evelin Degen [...] sorgte mit Querflöte und einem Kinderxylophon für Farbtupfer.
[...] Die besonders humorigen Sätze Erich Kästners untermalte Böving passend mit sprunghaften und verspielten Bassläufen, die er seinem Instrument auch schon mal mit einem Teelöffel entlockte.
An Lebendigkeit und Ausdruckskraft hat es dem gelungenen Literaturabend nicht gefehlt, nur leider an Publikum.

Saarbrücker Zeitung, 20. Mai 1997

Der Handstand auf der Loreley

(Nach einer wahren Begebenheit)

Die Loreley, bekannt als Fee und Felsen,
ist jener Fleck am Rhein, nicht weit von Bingen,
wo früher Schiffer mit verdrehten Hälsen,
von blonden Haaren schwärmend, untergingen.

Wir wandeln uns. Die Schiffer inbegriffen.
Der Rhein ist reguliert und eingedämmt.
Die Zeit vergeht. Man stirbt nicht mehr beim Schiffen,
bloß weil ein blondes Weib sich dauernd kämmt.

Nichtsdestotrotz geschieht auch heutzutage
noch manches, was der Steinzeit ähnlich sieht.
So alt ist keine deutsche Heldensage,
dass sie nicht doch noch Helden nach sich zieht.

Erst neulich machte auf der Loreley
hoch überm Rhein ein Turner einen Handstand!
Von allen Dampfern tönte Angstgeschrei,
als er kopfüber oben auf der Wand stand.

Er stand, als ob er auf dem Barren stünde.
Mit hohlem Kreuz. Und lustbetonten Zügen.
Man frage nicht: Was hatte er für Gründe?
Er war ein Held. Das dürfte wohl genügen.

Er stand, verkehrt, im Abendsonnenscheine.
Da trübte Wehmut seinen Turnerblick.
Er dachte an die Loreley von Heine.
Und stürzte ab. Und brach sich das Genick.

Er starb als Held. Man muss ihn nicht beweinen.
Sein Handstand war vom Schicksal überstrahlt.
Ein Augenblick mit zwei gehobnen Beinen
ist nicht zu teuer mit dem Tod bezahlt!

P. S. Eins wäre allerdings noch nachzutragen:
Der Turner hinterließ uns Frau und Kind.
Hinwiederum, man soll sie nicht beklagen.
Weil im Bezirk der Helden und der Sagen
die Überlebenden nicht wichtig sind.

(1932)

Aufgaben

1. Auf welche Weise wurden Kästner-Texte in der Saarbrücker Stadtbibliothek vorgetragen und interpretiert? Unterstreicht.

2. Macht es ebenso mit „Der Handstand auf der Loreley“ und anderen Kästner-Gedichten. Bedient euch dabei Orff'scher Instrumente (Glockenspiele, Xylophon, Trommeln, Schellenring, Becken, Triangel, ...). Auch andere „musikalische“ Geräte, die Klang und Rhythmus unterstreichen, sind erlaubt!

Modernes Märchen

Modernes Märchen

Sie waren so sehr ineinander verliebt,
wie es das nur noch in Büchern gibt.
Sie hatte kein Geld. Und er hatte keins.
Da machten sie Hochzeit und lachten sich eins.

Er war ohne Amt. So blieben sie arm.
Und speisten zweimal in der Woche warm.
Er nannte sie trotzdem: „Mein Schmetterling."
Sie schenkte ihm Kinder, sooft es nur ging.

Sie wohnten möbliert und waren nie krank.
Die Kinder schliefen im Kleiderschrank.
Zu Weihnachten malten sie kurzerhand
Geschenke mit Buntstiften an die Wand.

Und aßen Brot, als wär's Konfekt,
und spielten: Wie Gänsebraten schmeckt.
Dergleichen stärkt wohl die Fantasie.
Drum wurde der Mann, blitzblatz! ein Genie.

(1926)

Aufgaben

1. In diesem Gedicht fehlt die vorletzte Strophe mit vier Versen und die letzte mit nur zwei Versen. Vervollständige es.
2. Vergleiche dein Gedicht mit dem Original von Kästner (S. 80). Wie hast du, wie hat Kästner das Gedicht enden lassen?

Zwei Gedichte – ein Motiv

Theodor Storm

Herbst

1
Schon ins Land der Pyramiden
Flohn die Störche übers Meer;
Schwalbenflug ist längst geschieden,
Auch die Lerche singt nicht mehr.

Seufzend in geheimer Klage
Streift der Wind das letzte Grün;
Und die süßen Sommertage,
Ach, sie sind dahin, dahin!

Nebel hat den Wald verschlungen,
Der dein stillstes Glück gesehn;
Ganz in Duft und Dämmerungen
Will die schöne Welt vergehn.

Nur noch einmal bricht die Sonne
Unaufhaltsam durch den Duft,
Und ein Strahl der alten Wonne
Rieselt über Tal und Kluft.

Und es leuchten Wald und Heide,
Dass man sicher glauben mag,
Hinter allem Winterleide
Lieg' ein ferner Frühlingstag.

2
Die Sense rauscht, die Ähre fällt,
Die Tiere räumen scheu das Feld,
Der Mensch begehrt die ganze Welt.

3
Und sind die Blumen abgeblüht,
So brecht der Äpfel goldene Bälle;
Hin ist die Zeit der Schwärmerei,
So schätzt nun endlich das Reelle.

Erich Kästner

Der September

Das ist ein Abschied mit Standarten[1]
aus Pflaumenblau und Apfelgrün.
Goldlack und Astern flaggt der Garten,
und tausend Königskerzen glühn.

Das ist ein Abschied mit Posaunen,
mit Erntedank und Bauernball.
Kuhglocken läutend ziehn die braunen
und bunten Herden in den Stall.

Das ist ein Abschied mit Gerüchen
aus einer fast vergessnen Welt.
Mus und Gelee kocht in den Küchen.
Kartoffelfeuer qualmt im Feld.

Das ist ein Abschied mit Getümmel,
mit Huhn am Spieß und Bier im Krug.
Luftschaukeln möchten in den Himmel.
Doch sind sie wohl nicht fromm genug.

Die Stare gehen auf die Reise.
Altweibersommer weht im Wind.
Das ist ein Abschied laut und leise.
Die Karussells drehn sich im Kreise.
Und was darüber schien, beginnt.

(1953)

[1] Standarte = Fahne

Aufgaben

1. Beschreibe das Natur- und Lebensgefühl, das sich bei Storm (1817–1888) ausdrückt, im Vergleich mit dem modernen Natur- und Lebensgefühl, wie es sich bei Kästner (1899–1974) äußert. Benutze auch ein Literaturlexikon.
2. Wie symbolisiert Storm die Empfindungen von Wehmut und Sehnsucht? Wie stellt Kästner Abschied dar? Weise nach, dass er die Einzelbilder in filmischer Abfolge gleichsam in der Galerie des Gedichts ‚ausstellt'. (Farbe, Klang, ... Motiv-Plakate!)
   Welche Wirkung erzielt er durch die wiederholte Redeformel „Das ist ein Abschied ..."?
3. Versuche die beiden Texte der Stimmung des Gedichts entsprechend vorzutragen.
4. Schreibe dein eigenes Herbst-Gedicht.

Brief an meinen Sohn

Brief an meinen Sohn

Ich möchte endlich einen Jungen haben,
so klug und stark, wie Kinder heute sind.
Nur etwas fehlt mir noch zu diesem Knaben.
Mir fehlt nur noch die Mutter zu dem Kind.

Nicht jedes Fräulein kommt dafür in Frage.
Seit vielen langen Jahren such ich schon.
Das Glück ist seltner als die Feiertage.
Und deine Mutter weiß noch nichts von uns, mein Sohn.

Doch eines schönen Tages wird's dich geben.
Ich freue mich schon heute sehr darauf.
Dann lernst du laufen, und dann lernst du leben,
und was daraus entsteht, heißt Lebenslauf.

Zu Anfang schreist du bloß und machst Gebärden,
bis du zu andern Taten übergehst,
bis du und deine Augen größer werden
und bis du das, was man verstehen muss, verstehst.

Wer zu verstehn beginnt, versteht nichts mehr.
Er starrt entgeistert auf das Welttheater.
Zu Anfang braucht ein Kind die Mutter sehr.
Doch wenn du größer wirst, brauchst du den Vater.

Ich will mit dir durch Kohlengruben gehen.
Ich will dir Parks mit Marmorvillen zeigen.
Du wirst mich anschaun und es nicht verstehn.
Ich werde dich belehren, Kind, und schweigen.

Ich will mit dir nach Vaux und Ypern[1] reisen
und auf das Meer von weißen Kreuzen blicken.
Ich werde still sein und dir nichts beweisen.
Doch wenn du weinen wirst, mein Kind, dann will ich nicken.

Ich will nicht reden, wie die Dinge liegen.
Ich will dir zeigen, wie die Sache steht.
Denn die Vernunft muss ganz von selber siegen.
Ich will dein Vater sein und kein Prophet.

Wenn du trotzdem ein Mensch wirst wie die meisten,
all dem, was ich dich schauen ließ, zum Hohn,
ein Kerl wie alle, über einen Leisten,
dann wirst du nie, was du sein sollst: mein Sohn!

Anmerkung: Da der Autor, nach dem Erscheinen des Gedichts in einer Zeitschrift, Briefe von Frauen und Mädchen erhielt, erklärt er, vorsichtig geworden, hiermit: Schriftliche Angebote dieser Art werden nicht berücksichtigt. *(1931)*

[1] Vaux und Ypern = Orte, wo im ersten Weltkrieg verheerende Schlachten stattfanden

Aufgaben

1. Suche zu jeder Strophe eine Überschrift.
2. Die letzte Strophe klingt widersprüchlich. Erkläre.
3. Dieses Gedicht hat autobiografische Züge. Was hat es mit Kästners Leben zu tun? Erkundige dich (Biografie, Lexikon, ...).
4. Schreibe ein Parallelgedicht über „etwas", was du gerne haben möchtest. Beginne mit: **Ich möchte endlich ... haben ...** (Überlege dir zuerst, was das sein könnte, wie du es dir vorstellst, was du alles damit erleben würdest, warum vielleicht doch alles ganz anders sein wird.)

Fortsetzung auf Seite 67

Fortsetzung von Seite 66

Zwei Briefe – zwei Weltbilder

Theodor Storm

Für meine Söhne

Hehle nimmer mit der Wahrheit!
Bringt sie Leid, nicht bringt sie Reue;
doch, weil Wahrheit eine Perle,
wirf sie auch nicht vor die Säue.

Blüte edelsten Gemütes
ist die Rücksicht; doch zu Zeiten
sind erfrischend wie Gewitter
goldne Rücksichtslosigkeiten.

Wackrer heimatlicher Grobheit
setze deine Stirn entgegen;
artigen Leutseligkeiten
gehe schweigend aus den Wegen.

Wo zum Weib du nicht die Tochter
wagen würdest zu begehren,
halte dich zu wert, um gastlich
in dem Hause zu verkehren.

Was du immer kannst, zu werden,
Arbeit scheue nicht und Wachen;
aber hüte deine Seele
vor dem Karrieremachen.

Wenn der Pöbel aller Sorte
tanzet um die goldnen Kälber,
halte fest: Du hast vom Leben
doch am Ende nur dich selber.

Theodor Storm (1817–1888)

Aufgaben

1. Untersuche das Gedicht von Theodor Storm aus dem 19. Jahrhundert.
2. Charakterisiere die Art und Weise, wie sich der Vater in Storms Gedicht an seine Söhne wendet, um ihnen für ein gutes Leben die Weichen zu stellen.
3. Vergleiche Storms Gedicht mit Kästners Text (Seite 66). Wie geht Kästner vor, seinem erdachten Sohn Lebenshilfe zu geben?
4. Wähle: Schreibe einen „Brief an meinen Vater" oder einen „Brief an meinen Sohn".

Der Streichholzjunge – Kästner als Auftragsdichter

Obwohl der Schwerpunkt seiner Produktion in der Weimarer Republik immer stärker auf Literatur fiel, war Erich Kästner bis in die frühen 30er Jahre immer wieder auch als Journalist tätig.

Aufgaben

1. Die Fotografie aus der Zeit der Weltwirtschaftskrise hält einen Moment im Straßenleben einer Stadt fest. Beschreibe die Situation.

2. Was geht wohl in dem Jungen vor? Was denken die Passanten?

3. Verfasse einen inneren Monolog, der Einblicke in die Gefühle des Jungen gibt. Du könntest z. B. so beginnen: „Oh, Mist! Immer noch mehr als die Hälfte dieser dummen Streichholzschachteln nicht verkauft! ..."

4. Die „Frankfurter Illustrierte" sendet Anfang der 30er Jahre dieses Foto an Kästner mit dem Auftrag, ein passendes Gedicht dazu zu verfassen. Welche Themen, glaubst du, werden im Gedicht angesprochen?

5. Stell dir vor, dass du den Auftrag bekommen hättest, ein Gedicht zur Fotografie zu schreiben. Gibt es ein lyrisches Ich in deinem Gedicht? Soll es Strophen haben und sich reimen? Oder hat es eine weniger geschlossene Form? Oder ...? Versuch's doch einfach mal selbst!

Fortsetzung auf Seite 69

Fortsetzung von Seite 68

Der Streichholzjunge – Kästner als Auftragsdichter

Kästners Auftragsgedicht zu der von der Redaktion gesandten Fotografie erschien am 21. 1. 1932 in der „Frankfurter Illustrierten".

Der Streichholzjunge

Streichhölzer! Kaufen Sie Streichhölzer!
Drei Schachteln zwanzig!

Der Himmel ist grau kariert.
Es gibt bald Schnee.
Und den Erwachsenen erfriert
das Portemonnaie.

Sie lachen, statt was zu kaufen.
Oder sie sind entrüstet
und knurren, während sie weiterlaufen.
Wenn ihr nur wüsstet ...

Streichhölzer! Kaufen Sie Streichhölzer!
Drei Schachteln zwanzig!

Vater kriegt sechs Mark Unterstützung
und Mutter ein kleines Gesicht.
Wir haben ein Zimmer mit Küchenbenützung.
Aber wir benützen die Küche gar nicht.

Gestern trank Vater paar Flaschen Bier.
Mutter hat nicht mittrinken gemocht.
Vater sang: „Ein freies Leben führen wir!"
Und dann hat er das Fenster zerpocht.

Streichhölzer! Kaufen Sie Streichhölzer!
Drei Schachteln zwanzig!

Mit braunen und schwarzen Schnürsenkeln
verdient man natürlich mehr.
Doch da brauchte ich erst mal drei Mark.
Und wo nehm ich die her?

Mein Pappkarton wird nicht leer.
Den Aufsatz muss ich noch machen.
Wenn ich bloß nicht so müde wär.
Kaufen Sie Streichhölzer, statt zu lachen!

Streichhölzer! Braune und schwarze Streichhölzer!
Drei Paar zwanzig ...

(1932)

Aufgaben

1. Welche sozialen Probleme werden angesprochen, welche angedeutet? Beschreibe die Situation des Jungen, des lyrischen Ichs des Gedichts.
2. Welche Funktion hat die sich wiederholende Aufforderung zum Streichholzkauf? Wieso „verspricht" sich der Junge am Ende?
3. Unterstreiche, wo die Leser im Text direkt angesprochen werden. Welchen Effekt hat das?
4. Suche einen anderen Titel für dieses Gedicht.
5. Wo liegt deiner Meinung nach der Unterschied zwischen der Wirkung, die ein zum Foto passender Zeitungsartikel auf die Leser hat, im Vergleich zur Wirkung eines passenden Gedichts?

Verzweiflung Nr. 1

Verzweiflung Nr. 1

Ein kleiner Junge lief durch die Straßen	
und hielt eine Mark in der ____________ Hand.	kleinen/winzigen/heißen
Es war schon spät, und die Kaufleute maßen	
mit Seitenblicken die Uhr an der Wand.	
Er hatte es ____________ . Er hüpfte und summte:	eilig/nicht eilig
„Ein halbes Brot und ein Viertelpfund Speck."	
Das klang wie ein ____________ . Bis es plötzlich verstummte.	Gedicht/Lied/Gebet
Er tat die Hand auf. Das Geld war weg.	
Da blieb er stehen und stand im ____________ .	Kalten/Nassen/Dunkeln
In den Ladenfenstern erlosch das Licht.	
Es sieht zwar gut aus, wenn die Sterne ____________ .	funkeln/glänzen/scheinen
Doch zum Suchen von Geld reicht das Funkeln nicht.	
Als wolle er immer stehen bleiben,	
stand er. Und war, wie noch nie, ____________ .	allein/klein/hilflos
Die Rollläden klapperten über die Scheiben.	
Und die Laternen nickten ein.	
Er öffnete immer wieder die Hände	
und drehte sie ____________ hin und her.	schnell/langsam/ungläubig
Dann war die Hoffnung ____________ zu Ende.	endlich/plötzlich/schließlich
Er öffnete seine Fäuste nicht mehr ...	
Der Vater wollte zu essen haben.	
Die Mutter hatte ein ____________ Gesicht.	müdes/trauriges/rosiges
Sie saßen und warteten auf den Knaben.	
Der stand im ____________ . Sie wussten es nicht.	Flur/Treppenhaus/Hof
Der Mutter wurde allmählich ____________ .	schlecht/bange/flau
Sie ging ihn suchen. Bis sie ihn fand.	
Er lehnte still an der ____________	Teppichstange/Wand/Tür
und kehrte das kleine Gesicht zur Wand.	
Sie fragte erschrocken, wo er denn bliebe.	
Da brach er in ____________ aus.	leises Schluchzen/lautes Weinen/ verzweifeltes Stammeln
Sein Schmerz war größer als ihre ____________ .	Wut/Liebe/Sorge
Und beide traten traurig ins Haus.	

(1930)

Aufgaben

1. Welche Wörter gehören in die Lücken? Schreibt sie auf die Linien.
2. Vergleicht eure Lösungen. Wo gibt es Unterschiede? Begründet eure Wahl.
3. Schaut euch dann das Originalgedicht von Erich Kästner an (S. 80). Was stellt ihr fest?

Die Entwicklung der Menschheit

Die Entwicklung der Menschheit

(erste Strophe:)

Einst haben die Kerls auf den Bäumen gehockt,
behaart und mit böser Visage[1].
Dann hat man sie aus dem Urwald gelockt
und die Welt asphaltiert und aufgestockt,
bis zur dreißigsten Etage.

(letzte Strophe:)

So haben sie mit dem Kopf und dem Mund
den Fortschritt der Menschheit geschaffen.
Doch davon mal abgesehen und
bei Lichte betrachtet, sind sie im Grund
noch immer die alten Affen.

Da saßen sie nun, den Flöhen entflohn,

Da sitzen sie nun am Telefon.

das verarbeiten sie zu Watte.

dass Cäsar Plattfüße hatte.

Die Erde ist ein gebildeter Stern

in zentralgeheizten Räumen.

mit sehr viel Wasserspülung.

Sie fliegen steil in den Himmel empor

Sie hören weit. Sie sehen fern.

Sie jagen und züchten Mikroben[2].

Sie putzen die Zähne. Sie atmen modern.

Sie schießen die Briefschaften durch ein Rohr.

Sie sind mit dem Weltall in Fühlung.

Sie spalten Atome. Sie heilen Inzest[3].

Sie versehn die Natur mit allem Komfort.

und bleiben zwei Wochen oben.

Und es herrscht noch genau derselbe Ton

Und sie stellen durch Stiluntersuchungen fest,

Was ihre Verdauung übrig lässt,

wie seinerzeit auf den Bäumen

[1]Visage = Gesicht
[2]Mikroben = mit bloßem Auge nicht sichtbare Kleinstlebewesen
[3]Inzest = Inzucht

Aufgaben

1. Ordne den Mittelteil des Gedichtes. Im Original hat er vier Strophen.
   Achte auf das Reimschema und auch auf den Inhalt. (Lösung S. 80)
2. Warum bezeichnet Kästner die Menschen als „noch immer die alten Affen"?
3. Das Gedicht stammt aus dem Jahre 1931. Welche Textstellen könnte man „modernisieren"?
   Zur Wahl:
   – Schreibe eine Neufassung des Gedichtes.
   – Ergänze dieses Gedicht bzw. einzelne Strophen durch weitere Verse aus heutiger Sicht.
4. Schreibe einen Brief an Herrn Kästner, was du am Fortschritt positiv und was du negativ empfindest.

Keiner blickt dir hinter das Gesicht

Keiner blickt dir hinter das Gesicht
(Fassung für Beherzte)

Niemand weiß, wie arm du bist ...
Deine Nachbarn haben selbst zu klagen.
Und sie haben keine Zeit zu fragen,
wie denn dir zumute ist.
Außerdem, – würdest du es ihnen sagen?

Lächelnd legst du Leid und Last,
um sie nicht zu sehen, auf den Rücken.
Doch sie drücken, und du musst dich bücken,
bis du ausgelächelt hast.
Und das Beste wären ein Paar Krücken.

Manchmal schaut dich einer an,
bis du glaubst, dass er dich trösten werde.
Doch dann senkt er seinen Kopf zur Erde,
weil er dich nicht trösten kann.
Und läuft weiter mit der großen Herde.

Sei trotzdem kein Pessimist,
sondern lächle, wenn man mit dir spricht.
Keiner blickt dir hinter das Gesicht.
Keiner weiß, wie arm du bist ...
(Und zum Glück weißt du es selber nicht.)

(1932)

Keiner blickt dir hinter das Gesicht
(Fassung für Kleinmütige)

Niemand weiß, wie reich du bist ...
Freilich mein ich keine Wertpapiere,
keine Villen, Autos und Klaviere
und was sonst sehr teuer ist,
wenn ich hier vom Reichtum referiere.

Nicht den Reichtum, den man sieht
und versteuert, will ich jetzt empfehlen.
Es gibt Werte, die kann keiner zählen,
selbst, wenn er die Wurzel zieht.
Und kein Dieb kann diesen Reichtum stehlen.

Die Geduld ist so ein Schatz,
oder der Humor, und auch die Güte,
und das ganze übrige Gemüte.
Denn im Herzen ist viel Platz.
Und es ist wie eine Wundertüte.

Arm ist nur, wer ganz vergisst,
welchen Reichtum das Gefühl verspricht.
Keiner blickt dir hinter das Gesicht.
Keiner weiß, wie reich du bist ...
(Und du weißt es manchmal selber nicht.)

(1932)

Aufgaben

1. Interpretiere diese beiden Fassungen von Erich Kästner. Was bedeutet jeweils die Überschrift?
2. Gestalte deine eigene Fassung zu „Keiner blickt dir hinter das Gesicht".

„Und wo bleibt das Positive?"

Und wo bleibt das Positive, Herr Kästner?

Und immer wieder schickt ihr mir Briefe,
in denen ihr, dick unterstrichen, schreibt:
„Herr Kästner, wo bleibt das Positive?"
Ja, weiß der Teufel, wo das bleibt.

Noch immer räumt ihr dem Guten und Schönen
den leeren Platz überm Sofa ein.
Ihr wollt euch noch immer nicht dran gewöhnen,
gescheit und trotzdem tapfer zu sein.

Ihr braucht schon wieder mal Vaseline,
mit der ihr das trockene Brot beschmiert.
Ihr sagt schon wieder, mit gläubiger Miene:
„Der siebente Himmel wird frisch tapeziert!"

Ihr streut euch Zucker über die Schmerzen
und denkt, unter Zucker verschwänden sie.
Ihr baut schon wieder Balkons vor die Herzen
und nehmt die strampelnde Seele aufs Knie.

Die Spezies Mensch ging aus dem Leime
und mit ihr Haus und Staat und Welt.
Ihr wünscht, dass ich's hübsch zusammenreime,
und denkt, dass es dann zusammenhält?

Ich will nicht schwindeln. Ich werde nicht schwindeln.
Die Zeit ist schwarz, ich mach euch nichts weis.
Es gibt genug Lieferanten von Windeln.
Und manche liefern zum Selbstkostenpreis.

Habt Sonne in sämtlichen Körperteilen
und wickelt die Sorgen in Seidenpapier!
Doch tut es rasch. Ihr müsst euch beeilen.
Sonst werden die Sorgen größer als ihr.

Die Zeit liegt im Sterben. Bald wird sie begraben.
Im Osten zimmern sie schon den Sarg.
Ihr möchtet gern euren Spaß dran haben ...?
Ein Friedhof ist kein Lunapark.

(1930)

Aufgaben

1. Erklärt, weshalb Erich Kästner 1930 nichts Positives in der Welt und in der Gesellschaft sieht. Geht vom Text aus.
2. Was empfindest du in der heutigen Welt als besonders negativ?

Die Jugend hat das Wort

1
Ihr seid die Ält'ren. Wir sind jünger.
Ihr steht am Weg mit gutem Rat.
Mit scharf gespitztem Zeigefinger
weist ihr uns auf den neuen Pfad.

Ihr habt das wundervoll erledigt.
Vor einem Jahr schriet ihr noch „Heil!".
Man staunt, wenn ihr jetzt „Freiheit" predigt
wie kurz vorher das Gegenteil.

Wir sind die Jüng'ren. Ihr seid älter.
Doch das sieht auch das kleinste Kind:
Ihr sprecht von Zukunft, meint Gehälter
und hängt die Bärte nach dem Wind!

Nun kommt ihr gar, euch zu beschweren,
dass ihr bei uns nichts Recht's erreicht?
O, schweigt mit euren guten Lehren!
Es heißt: Das Alter soll man ehren ...
Das ist mitunter, das ist mitunter,
das ist mitunter gar nicht leicht.

2
Wir wuchsen auf in eurem Zwinger.
Wir wurden groß mit eurem Kult.
Ihr seid die Ält'ren. Wir sind jünger.
Wer älter ist, hat länger Schuld.

Wir hatten falsche Ideale?
Das mag schon stimmen, bitte sehr.
Doch was ist nun? Mit einem Male
besitzen wir selbst *die* nicht mehr!

Um unser Herz wird's kalt und kälter.
Wir sind so müd und ohn Entschluss.
Wir sind die Jüng'ren. Ihr seid älter.
Ob man euch wirklich – lieben muss?

Ihr wollt erklären und bekehren.
Wir aber denken ungefähr:
„Wenn wir doch nie geboren wären!"
Es heißt: Das Alter soll man ehren ...
Das ist mitunter, das ist mitunter,
das ist mitunter furchtbar schwer.

(1946)

Aufgaben

1. Was wirft die Jugend den Älteren vor?
2. Das Gedicht stammt aus dem Jahre 1946. Was würdest du heute den Älteren vorwerfen? Formuliere dies.
3. Entwirf an Stelle der Älteren ein Gegengedicht.

Der Pazifist Erich Kästner

Sergeant Waurich

Das ist nun ein Dutzend Jahre her,
da war er unser Sergeant.
Wir lernten bei ihm: „Präsentiert das Gewehr!"
Wenn einer umfiel, lachte er
und spuckte vor ihm in den Sand.

„Die Knie beugt!" war sein liebster Satz.
Den schrie er gleich zweihundertmal.
Da standen wir dann auf dem öden Platz
und beugten die Knie wie die Goliaths
und lernten den Hass pauschal.

Und wer schon auf allen vieren kroch,
dem riss er die Jacke auf
und brüllte: „Du Luder frierst ja noch!"
Und weiter ging's. Man machte doch
in Jugend Ausverkauf ...

Er hat mich zum Spaß durch den Sand gehetzt
und hinterher lauernd gefragt:
„Wenn du nun meinen Revolver hättst –
brächtst du mich um, gleich hier und gleich jetzt?"
Da hab ich „Ja!" gesagt.

Wer ihn gekannt hat, vergisst ihn nie.
Den legt man sich auf Eis!
Er war ein Tier. Und er spie und schrie.
Und Sergeant Waurich hieß das Vieh,
damit es jeder weiß.

Der Mann hat mir das Herz versaut.
Das wird ihm nie verziehn.
Es sticht und schmerzt und hämmert laut.
Und wenn mir nachts vorm Schlafen graut,
dann denke ich an ihn.

Fantasie von übermorgen

Und als der nächste Krieg begann,
da sagten die Frauen: Nein!
und schlossen Bruder, Sohn und Mann
fest in der Wohnung ein.

Dann zogen sie, in jedem Land,
wohl vor des Hauptmanns Haus
und hielten Stöcke in der Hand
und holten die Kerls heraus.

Sie legten jeden übers Knie,
der diesen Krieg befahl:
die Herren der Bank und Industrie,
den Minister und General.

Da brach so mancher Stock entzwei.
Und manches Großmaul schwieg.
In allen Ländern gab's Geschrei,
und nirgends gab es Krieg.

Die Frauen gingen dann wieder nach Haus,
zum Bruder, Sohn und Mann,
und sagten ihnen, der Krieg sei aus!

____

____

(1929)

Aufgaben

1. Sergeant Waurich war einer der Ausbilder, unter deren Drill Kästner während seiner Zeit in der Kaserne zu leiden hatte.
   Stelle dir vor, Kästner hätte, statt Jahre später ein Gedicht darüber zu schreiben, gleich einen Beschwerdebrief an Waurichs Vorgesetzten geschrieben. Verfasse diesen Brief.
2. Bei dem Gedicht „Fantasie von übermorgen" fehlen die letzten beiden Verse. Was tun die Männer, nachdem sie vom Ende des Krieges erfahren haben? Denke dir Verse aus! Vergleiche sie mit den beiden Zeilen von Kästner. (Lösung Seite 80).
3. Wie könnte deine „Fantasie von übermorgen" klingen? Schreibe einen kurzen Text.

Der Pazifist Erich Kästner

In der Zeit von 1914 bis 1917 besuchte Kästner das Fletscher'sche Lehrerseminar in Dresden. Dort wurde er mit dem Tod einiger Klassenkameraden konfrontiert, die bereits an der Front gekämpft hatten.

Primaner[1] in Uniform

Der Rektor[2] trat, zum Abendbrot,
bekümmert in den Saal.
Der Klassenbruder Kern sei tot.
Das war das erste Mal.

Wir saßen bis zur Nacht im Park
und dachten lange nach.
Kurt Kern, gefallen bei Langemarck,
saß zwischen uns und sprach.

Dann lasen wir wieder Daudet[3] und Vergil[4]
und wurden zu Ostern versetzt.
Dann sagte man uns, dass Heimbold fiel.
Und Rochlitz sei schwer verletzt.

Herr Rektor Jobst war Theolog
für Gott und Vaterland.
Und jedem, der in den Weltkrieg zog,
gab er zuvor die Hand.

Kerns Mutter machte ihm Besuch.
Sie ging vor Kummer krumm.
Und weinte in ihr Taschentuch
vorm Lehrerkollegium.

Der Rochlitz starb im Lazarett.
Und wir begruben ihn dann.
Im Klassenzimmer hing ein Brett
mit den Namen der Toten daran.

Wir saßen oft im Park am Zaun.
Nie wurde mehr gespaßt.
Inzwischen fiel der kleine Braun.
Und Koßmann wurde vergast.

Der Rektor dankte Gott pro Sieg.
Die Lehrer trieben Latein.
Wir hatten Angst vor diesem Krieg.
Und dann zog man uns ein.

Wir hatten Angst. Und hofften gar,
es spräche einer Halt!
Wir waren damals achtzehn Jahr,
und das ist nicht sehr alt.

Wir dachten an Rochlitz, Braun und Kern.
Der Rektor wünschte uns Glück.
Und blieb mit Gott und den andern Herrn
gefasst in der Heimat zurück.

Anmerkung: Noch heute erinnern sie sich, dabei ihre Pensionen verzehrend, gerne der großen Zeit. *(1929)*

[1] Primaner = alte Bezeichnung für Schüler einer der beiden oberen Klassen eines Gymnasiums
[2] Rektor = Leiter einer Hochschule, hier eines Gymnasiums
[3] Daudet, Alphonse (1840 – 1897) = franz. Schriftsteller
[4] Vergil (70 – 19 v. Chr.) = bedeutender römischer Dichter

Aufgaben

1. Verfasst an Stelle eines Primaners einen Beitrag für die Schulchronik.
2. Erich Kästner hat unter das Gedicht eine Anmerkung gesetzt. Setzt euch damit auseinander.

Der Pazifist Erich Kästner

Kennst du das Land, wo die Kanonen blühn?

Kennst du das Land, wo die Kanonen blühn?
Du kennst es nicht? Du wirst es kennen lernen!
Dort stehn die Prokuristen[1] stolz und kühn
in den Büros, als wären es Kasernen.

Dort wachsen unterm Schlips Gefreitenköpfe.
Und unsichtbare Helme trägt man dort.
Gesichter hat man dort, doch keine Köpfe.
Und wer zu Bett geht, pflanzt sich auch schon fort!

Wenn dort ein Vorgesetzter etwas will
– und es ist sein Beruf, etwas zu wollen –,
steht der Verstand erst stramm und zweitens still.
Die Augen rechts! Und mit dem Rückgrat rollen!

Die Kinder kommen dort mit kleinen Sporen
und mit gezognem Scheitel auf die Welt.
Dort wird man nicht als Zivilist geboren.
Dort wird befördert, wer die Schnauze hält.

Kennst du das Land? Es könnte glücklich sein.
Es könnte glücklich sein und glücklich machen!
Dort gibt es Äcker, Kohle, Stahl und Stein
und Fleiß und Kraft und andre schöne Sachen.

Selbst Geist und Güte gibt's dort dann und wann!
Und wahres Heldentum. Doch nicht bei vielen.
Dort steckt ein Kind in jedem zweiten Mann.
Das will mit Bleisoldaten spielen.

Dort reift die Freiheit nicht. Dort bleibt sie grün.
Was man auch baut – es werden stets Kasernen.
Kennst du das Land, wo die Kanonen blühn?
Du kennst es nicht? Du wirst es kennen lernen!

(1928)

[1] Prokurist = Handlungsbevollmächtigter

Aufgaben

1. Mit diesem Gedicht machte sich Kästner in der Zeit zwischen den beiden Weltkriegen in Deutschland viele Feinde. Begründe.
2. Kästner schreibt auch Positives über sein Heimatland. Unterstreiche die entsprechenden Textstellen.
3. In seinem Buch „Als ich ein kleiner Junge war" äußert Kästner sich zum Thema „Helden": „Falsche Helden haben keine Angst, weil sie keine Fantasie haben. Echte Helden haben Angst und überwinden sie."
   In dem Gedicht ist vom Heldentum die Rede. Wer könnte für den Pazifisten Kästner ein Held sein?
4. Das Gedicht ist auch eine Verfremdung eines Goethe-Gedichtes. Dieses beginnt mit der Zeile:
   „Kennst du das Land, wo die Zitronen blühn, ..." Worum könnte es in diesem Text gehen?
5. Die letzte Zeile des Gedichtes kann aus heutiger Sicht als eine Art Prophezeiung verstanden werden.
   Auf welche Weise erfüllte sich diese Vorahnung?

Textquellenverzeichnis

S. 6 f. Ansprache zum Schulbeginn. Aus: Die kleine Freiheit. Chansons und Prosa 1949–1952. In: Erich Kästner: Gesammelte Schriften. Band 5 (Vermischte Beiträge). © Atrium Verlag, Zürich 1959. S. 180–183

S. 8, 79 Epigramme. Aus: Kurz und bündig. Epigramme. In: Erich Kästner: Gesammelte Schriften. Band 1 (Gedichte). © Atrium Verlag, Zürich 1959. S. 323, 324, 327, 342, 343, 345

S. 9, 79 Epigramme. Aus: Kurz und bündig. Epigramme. In: Erich Kästner: Gesammelte Schriften. Band 1 (Gedichte). © Atrium Verlag, Zürich 1959. S. 321, 322, 325, 326, 330, 334, 336, 342, 343
„Was auch immer geschieht ...“ Aus: Gesang zwischen den Stühlen. In: Erich Kästner: Gesammelte Schriften. Band 1 (Gedichte). © Atrium Verlag, Zürich 1959. S. 223

S. 10 f. Die vier archimedischen Punkte. Aus: Die kleine Freiheit. Chansons und Prosa 1949–1952. In: Erich Kästner: Gesammelte Schriften. Band 5 (Vermischte Beiträge). © Atrium Verlag, Zürich 1959. S. 261–264

S. 12 „Wer an die Zukunft glaubt ...“ Aus: Von der deutschen Vergesslichkeit. Aus: Reden und Vorreden. In: Erich Kästner: Gesammelte Schriften. Band 5 (Vermischte Beiträge). © Atrium Verlag, Zürich 1959. S. 518

S. 13 „Damals war ja noch ...“ Aus: Als ich ein kleiner Junge war. In: Gesammelte Schriften. Band 6 (Romane für Kinder). © Atrium Verlag, Zürich 1959. S. 10 f.
„Was gab es seitdem ...“ Aus: Als ich ein kleiner Junge war. In: Gesammelte Schriften. Band 6 (Romane für Kinder). © Atrium Verlag, Zürich 1959. S. 40–42

S. 18 f. „Wenn es zutreffen sollte ...“ Aus: Als ich ein kleiner Junge war. © Atrium Verlag, Zürich1957

S. 20 f. „Eines Tages ...“ Aus: Als ich ein kleiner Junge war. © Atrium Verlag, Zürich1957

S. 22 Klaus Kordon: Fortunas Fußtritt. Aus: Klaus Kordon: Die Zeit ist kaputt. Die Lebensgeschichte des Erich Kästner. Weinheim und Basel (Programm Beltz & Gelberg) 1994. S. 80 ff.

S. 23 Nachtgesang eines Kammervirtuosen. Aus: Herz auf Taille. In: Erich Kästner: Gesammelte Schriften. Band 1 (Gedichte). © Atrium Verlag, Zürich 1959. S. 64

S. 24 Besuch vom Lande. Aus: Ein Mann gibt Auskunft. In: Erich Kästner: Gesammelte Schriften. Band 1 (Gedichte). © Atrium Verlag, Zürich 1959. S. 192 f.

S. 25 „Berlin ist zur dieser Zeit ...“ Aus: Klaus Kordon: Die Zeit ist kaputt. Die Lebensgeschichte des Erich Kästner. Weinheim und Basel (Programm Beltz & Gelberg) 1994. S. 86
„Im Osten residiert das Verbrechen ...“ Aus: Klaus Kordon: Die Zeit ist kaputt. Die Lebensgeschichte des Erich Kästner. Weinheim und Basel (Programm Beltz & Gelberg) 1994. S. 89 f.

S. 26 „Erich Kästner schrieb einmal ...“ Aus: Vorwort zu Erich Kästner: Mein liebes gutes Muttchen, Du! Hamburg (Albrecht Knaus Verlag) 1981. S. 9 f. © Luiselotte Enderle Nachlass
„Es ist so schön ...“ Aus: Erich Kästner: Mein liebes gutes Muttchen, Du! Hamburg (Albrecht Knaus Verlag) 1981, S. 70 f. © Luiselotte Enderle Nachlass

S. 27 Sämtliche Texte aus: Erich Kästner: Mein liebes gutes Muttchen, Du! Hamburg (Albrecht Knaus Verlag) 1981, S. 21 f., 106 f., 195 f., 268, 291. © Luiselotte Enderle Nachlass

S. 28 Biografische Notizen. Nach: Erich Kästner. Mit Selbstzeugnissen und Bilddokumenten dargestellt von Luiselotte Enderle. Reinbek b. Hamburg (Rowohlt Verlag) 1966. © Atrium Verlag, Zürich
Kurz gefasster Lebenslauf. Aus: Ein Mann gibt Auskunft. In: Erich Kästner: Gesammelte Schriften. Band 1 (Gedichte). © Atrium Verlag, Zürich 1959. S. 178 f.

S. 29 „Und im Jahre 33 ...“ Aus: Bei Durchsicht meiner Bücher. In: Erich Kästner: Gesammelte Schriften. Band 5 (Vermischte Beiträge). © Atrium Verlag, Zürich 1959. S. 488

S. 30 Auszug aus einer Rede: Über das Verbrennen von Büchern. Aus: Reden und Vorreden. In: Erich Kästner: Gesammelte Schriften. Band 5 (Vermischte Beiträge). © Atrium Verlag, Zürich 1959. S. 576 ff.
Heinrich Böll: Über den Umgang mit Worten. Aus: Ders.: Essayistische Schriften und Reden. Bd. 1. © 1979 Kiepenheuer & Witsch, Köln

S. 31 Kästner über Kästner. Aus: Die kleine Freiheit. Chansons und Prosa 1949–1952. In: Erich Kästner: Gesammelte Schriften. Band 5 (Vermischte Beiträge). © Atrium Verlag, Zürich 1959. S. 301 ff.

S. 33 Rudolf Walther Leonhardt: Servus, Kästner! Aus: Die ZEIT vom 2. August 1974

S. 38 Emil und die Detektive. Lexikonartikel aus: Kindlers Literatur Lexikon. Werke. Band 2. Zürich (Kindler) 1964. S. 2039

S. 39 ff. „So, so, nach Berlin ...“ Aus: Emil und die Detektive. In: Erich Kästner: Gesammelte Schriften. Band 6 (Romane für Kinder I). © Atrium Verlag, Zürich 1959. S. 190 ff.

S. 41 ff. „Doch was sollte nun ...“ Aus: Emil und die Detektive. In: Erich Kästner: Gesammelte Schriften. Band 6 (Romane für Kinder I). © Atrium Verlag, Zürich 1959. S. 203 ff.

S. 44 Sämtlich aus: Emil und die Detektive. In: Erich Kästner: Gesammelte Schriften. Band 6 (Romane für Kinder I). © Atrium Verlag, Zürich 1959. S. 173 ff.

S. 45 „Als Gustav ...“ Aus: Emil und die Detektive. In: Erich Kästner: Gesammelte Schriften. Band 6 (Romane für Kinder I). © Atrium Verlag, Zürich 1959. S. 240 f.

S. 46 Das doppelte Lottchen. Lexikonartikel aus: Kindlers Literatur Lexikon. Werke. Band 2. Zürich (Kindler) 1964. S. 1551

S. 47 „Die Zwillinge haben ...“ Aus: Das doppelte Lottchen. In: Erich Kästner: Gesammelte Schriften. Band 7 (Romane für Kinder II). © Atrium Verlag, Zürich 1959. S. 148 f.

S. 48 „Also, der Herr Kapellmeister ...“ Aus: Das doppelte Lottchen. In: Erich Kästner: Gesammelte Schriften. Band 7 (Romane für Kinder II). © Atrium Verlag, Zürich 1959. S. 159 f.

S. 49 „Als Shirley Temple ...“ Aus: Hans Michael Bock / Michael Töteberg (Hg.): Das UFA-Buch. S. 437

S. 50 Ein Zwilling erzählt. Aus: Elisabeth Lutz-Kopp: Nur wer Kind bleibt ... Erich Kästner – Verfilmungen. Bundesverband Jugend und Film e. V. Frankfurt 1993. S. 92
„Ich hatte das Buch ...“ Aus: Josef v. Baky. In: Film Universum Berlin, UFA-Auslandsfeuilleton. Nr. 22, 1942

S. 51 ff., 79 „telegramm an alle welt ...“ Aus: Die Konferenz der Tiere. In: Erich Kästner: Gesammelte Schriften. Band 7 (Romane für Kinder II). © Atrium Verlag, Zürich 1959. S. 337 f.

S. 54 f. Das Märchen vom Glück. Aus: Der tägliche Kram. Chansons und Prosa 1945–1948. In: Erich Kästner: Gesammelte Schriften. Band 5 (Vermischte Beiträge). © Atrium Verlag, Zürich 1959. S. 136–139

S. 56 Das Schwein beim Friseur. Aus: Das Schwein beim Friseur und anderes. © Atrium Verlag, Zürich 1962

S. 57 Wahres Geschichtchen. Aus: Der tägliche Kram. Chansons und Prosa 1945–1948. In: Erich Kästner: Gesammelte Schriften. Band 5 (Vermischte Beiträge). © Atrium Verlag, Zürich 1959. S. 168 f.

S. 58 Paula vorm Haus. Aus: Kästner für Erwachsene. © Atrium Verlag 1966

S. 59 Weltreise durchs Zimmer. Aus: James Krüss: So viele Tage wie das Jahr. 365 Gedichte für Kinder und Kenner. © Atrium Verlag, Zürich

S. 60 Vornehme Leute, 1200 Meter hoch. Aus: Lärm im Spiegel. In: Erich Kästner: Gesammelte Schriften. Band 1 (Gedichte). © Atrium Verlag, Zürich 1959. S. 150 f.

S. 61 Maskenball im Hochgebirge. Aus: Ein Mann gibt Auskunft. In: Erich Kästner: Gesammelte Schriften. Band 1 (Gedichte). © Atrium Verlag, Zürich 1959. S. 175 f.

S. 62, 79 Im Auto über Land. Aus: Nachlese. In: Erich Kästner: Gesammelte Schriften. Band 1 (Gedichte). © Atrium Verlag, Zürich 1959. S. 306 f.

S. 63 Lyrik und Prosa mit Bass und Teelöffel. Ein Kästner-Projekt im Rathaus. Aus: Saarbrücker Zeitung vom 20. Mai 1997
Der Handstand auf der Loreley. Aus: Gesang zwischen den Stühlen. In: Erich Kästner: Gesammelte Schriften. Band 1 (Gedichte). © Atrium Verlag, Zürich 1959. S. 231 f.

S. 64, 79 Modernes Märchen. Aus: Nachlese. In: Erich Kästner: Gesammelte Schriften. Band 1 (Gedichte). © Atrium Verlag, Zürich 1959. S. 290

S. 65 Theodor Storm: Herbst. Aus: Sämtliche Werke in vier Bänden. Band 1. Berlin, Weimar (Aufbau Verlag) 1967. S. 151 f.
Der September. Aus: Die dreizehn Monate. In: Erich Kästner: Gesammelte Schriften. Band 1 (Gedichte). © Atrium Verlag, Zürich 1959. S. 377 f.

S. 66 Brief an meinen Sohn. Aus: Gesang zwischen den Stühlen. In: Erich Kästner: Gesammelte Schriften. Band 1 (Gedichte). © Atrium Verlag, Zürich 1959. S. 226 f.

S. 67 Theodor Storm: Für meine Söhne. Aus: Sämtliche Werke in vier Bänden. Band 1. Berlin, Weimar (Aufbau Verlag) 1967. S. 165

S. 69 Der Streichholzjunge. Aus: Nachlese. In: Erich Kästner: Gesammelte Schriften. Band 1 (Gedichte). © Atrium Verlag, Zürich 1959. S. 292

S. 70, 80 Verzweiflung Nr. 1. Aus: Ein Mann gibt Auskunft. In: Erich Kästner: Gesammelte Schriften. Band 1 (Gedichte). © Atrium Verlag, Zürich 1959. S. 171

S. 71, 80 Die Entwicklung der Menschheit. Aus: Gesang zwischen den Stühlen. In: Erich Kästner: Gesammelte Schriften. Band 1 (Gedichte). © Atrium Verlag, Zürich 1959. S. 223 f.

S. 72 Keiner blickt dir hinter das Gesicht (Fassung für Beherzte). Keiner blickt dir hinter das Gesicht (Fassung für Kleinmütige). Aus: Nachlese. In: Erich Kästner: Gesammelte Schriften. Band 1 (Gedichte). © Atrium Verlag, Zürich 1959. S. 286 f.

S. 73 Und wo bleibt das Positive, Herr Kästner?Aus: Ein Mann gibt Auskunft. In: Erich Kästner: Gesammelte Schriften. Band 1 (Gedichte). © Atrium Verlag, Zürich 1959. S. 214 f.

S. 74 Die Jugend hat das Wort. Aus: Der tägliche Kram. In: Erich Kästner: Gesammelte Schriften. Band 5 (Vermischte Beiträge). © Atrium Verlag, Zürich 1959. S. 71 f.

S. 75 Sergeant Waurich. Aus: Lärm im Spiegel. In: Erich Kästner: Gesammelte Schriften. Band 1 (Gedichte). © Atrium Verlag, Zürich 1959. S. 101 f.

S. 75, 80 Fantasie von übermorgen. Aus: Lärm im Spiegel. In: Erich Kästner: Gesammelte Schriften. Band 1 (Gedichte). © Atrium Verlag, Zürich 1959. S. 108 f.

S. 76 Primaner in Uniform. Aus: Ein Mann gibt Auskunft. In: Erich Kästner: Gesammelte Schriften. Band 1 (Gedichte). © Atrium Verlag, Zürich 1959. S. 182 f.

S. 77 Kennst du das Land, wo die Kanonen blühn? Aus: Herz auf Taille. In: Erich Kästner: Gesammelte Schriften. Band 1 (Gedichte). © Atrium Verlag, Zürich 1959. S. 56

Nicht in allen Fällen war es uns möglich, den Rechteinhaber ausfindig zu machen. Berechtigte Ansprüche werden im Rahmen der üblichen Vereinbarungen abgegolten.

Lösungen

zu S. 8, Sprüche-Salat

Unsanftes Selbstgespräch
Merk dir, du Schaf,
weil es immer gilt:
Der Fotograf
ist nie auf dem Bild.

Bescheidene Frage
Ist der Mensch nicht eine Plage?
Und erst recht, wenn man ihn liebt?
Gott, verzeih mir diese Frage!
Tu's auch, wenn es Dich nicht gibt.

Von Moral und Totschlag
Denkt an das fünfte Gebot:
Schlagt eure Zeit nicht tot.

Lebensbeschreibung einer Maniküre
Heinrich Heine gewidmet
Sie war eins der reizendsten Dinger
und gar keine Dame von Stand.
Man gab ihr den kleinen Finger,
und sie nahm die ganze Hand.

Die Bäume
Wir sitzen nicht auf Thronen.
Uns schmeichelt nur der Wind.
Wir haben dennoch Kronen,
die schöner als eure sind.

Mut zur Trauer
Sei traurig, wenn du traurig bist,
und steh nicht stets vor deiner Seele
Posten.
Den Kopf, der dir ans Herz gewachsen ist,
wird's schon nicht kosten.

Gehupft wie gesprungen
Aus den „Lehrsätzen des armen Mannes"
Ob vom Kölner Dom, ob vom Zirkuszelt,
ob vom Dach einer Dampfwäscherei –
für den Arbeiter, der herunterfällt,
ist das völlig einerlei.

zu S. 9, Epigramme: Kurz und bündig

Das Epigramm geht zurück auf den römischen Inschriftenkult auf Denkmälern. Es ist ein knapp gefasster Sinnspruch mit einer kritischen Moral. Ein echtes Epigramm muss zwei Regeln erfüllen: Es soll Erwartungen wecken und es soll Aufschluss geben.

zu S. 21, Eine folgenschwere Hochzeit

In dem 1928 erschienenen Buch „Emil und die Detektive" verarbeitet Kästner die Verfolgungsszene.

zu S. 35, Titel-Labyrinth für Leseratten

Das doppelte Lottchen, Emil und die Detektive, Emil und die Drillinge, Als ich ein kleiner Junge war, Pünktchen und Anton, Das fliegende Klassenzimmer, Das Schwein beim Frisör, Der kleine Mann und die kleine Miss, Die Konferenz der Tiere

zu S. 36 f., Wer gehört zu wem?

erster Titel: Das doppelte Lottchen; zweiter Titel: Doktor Erich Kästners Lyrische Hausapotheke, dritter Titel: Pünktchen und Anton; vierter Titel: Die Konferenz der Tiere; fünfter Titel: Das fliegende Klassenzimmer; sechster Titel: Bei Durchsicht meiner Bücher; achter Titel: Emil und die Detektive
Es bleiben übrig: Drei Männer im Schnee; Herz auf Taille

zu S. 45, Emil und die Detektive

Die Banknoten weisen Einstichlöcher der Nadel auf, mit der Emil sie in seiner Jacke befestigt hatte.

zu S. 53, Die Konferenz der Tiere

Der Vertrag, den die Staatshäupter unterschrieben, lautete: „Wir, die verantwortlichen Vertreter aller Länder der Erde, verpflichten uns mit Leben und Vermögen zur Durchführung folgender Punkte:
1. Alle Grenzpfähle und Grenzwachen werden beseitigt. Es gibt keine Grenzen mehr. 2. Das Militär und alle Schuss- und Sprengwaffen werden abgeschafft. Es gibt keine Kriege mehr. 3. Die zur Aufrechterhaltung der Ordnung erforderliche Polizei wird mit Pfeil und Bogen ausgerüstet. Sie hat vornehmlich darüber zu wachen, dass Wissenschaft und Technik ausschließlich im Dienst des Friedens stehen. Es gibt keine Mordwissenschaften mehr. 4. Die Zahl der Büros, Beamten und Aktenschränke wird auf das unerlässliche Mindestmaß herabgeschraubt. Die Büros sind für die Menschen da, nicht umgekehrt. 5. Die bestbezahlten Beamten werden in Zukunft die Lehrer sein. Die Aufgabe, die Kinder zu wahren Menschen zu erziehen, ist die höchste und schwerste Aufgabe. Das Ziel der echten Erziehung soll heißen: Es gibt keine Trägheit des Herzens mehr!"
Wie gesagt, das unterschrieben alle Staatshäupter ...

zu S. 56, Das Schwein beim Friseur

Das Schwein beim Friseur

Könnt ihr euch vorstellen, wie das aussah? Ein Schwein mit einem Jungen auf dem Rücken, dem die linke Hälfte der Haare weggeschnitten war?
Er sah zum Schreien aus.
Die Straßenbahnen standen auf der Stelle still. Ein Autobus machte Männchen. Aber das Schwein rannte weiter. Schließlich fiel der Friseur hinunter und blieb zwischen den Straßenbahnschienen sitzen. Berthold begann das Galoppieren Spaß zu machen. Doch plötzlich sauste das Schwein in eine Villa, die Treppe hoch, einen Gang entlang und, weil eine Tür offen stand, in ein Zimmer hinein. Dort blieb es stehen.
In dem Zimmer war ein Bett. Und in dem Bett lag ein kleines Mädchen, das Bella hieß und sehr krank war. Es lag seit acht Tagen gleichgültig im Bett, mochte nichts essen und nichts reden, und Bellas Vater – die Mutter war tot – wusste, obwohl er selber Arzt war, absolut nicht, was der Kleinen fehlte.
Sie sah das Schwein im Zimmer stehen, einen Jungen obendrauf, dem man zur Hälfte die Haare geschnitten hatte und der aussah, wie Gänse aussehen, wenn's gedonnert hat, und da fing sie an zu lachen. Berthold lachte mit, und nun lachten die zwei Kinder, dass man es im ganzen Hause hörte! Verblüfft kam Bellas Vater aus dem Sprechzimmer gelaufen, sah seine Tochter vergnügt und mit roten Backen und erkannte sofort: Jetzt ist sie wieder gesund. Dann klingelte Bertholds Mutter an der Haustür und fragte aufgeregt, ob hier ein Schwein und ein kleiner Junge eingetroffen seien. Nun war die Freude groß. Und später wurde Bertholds Mutter sogar die Frau von Bellas Vater, zog mit ihrem Jungen in die Villa und Bella und Berthold wurden Geschwister, die einander sehr lieb hatten. Das Schwein kauften sie dem ‚Friseur am Zoo' ab und es blieb bei ihnen, hatte es gut und wurde niemals geschlachtet.

Ob es wahr ist, dass auf diese Weise die Redensart entstanden ist: Na, die haben aber Schwein gehabt? *(1962)*

zu S. 62, Im Auto über Land

Im Auto über Land

An besonders schönen Tagen
ist der Himmel sozusagen
wie aus blauem Porzellan.
Und die Federwolken gleichen
weißen, zart getuschten Zeichen,
wie wir sie auf Schalen sahn.

Alle Welt fühlt sich gehoben,
blinzelt glücklich schräg nach oben
und bewundert die Natur.
Vater ruft direkt verwegen:
„'n Wetter, glatt zum Eierlegen!"
(Na, er renommiert wohl nur.)

Und er steuert ohne Fehler
über Hügel und durch Täler.
Tante Paula wird es schlecht.
Doch die übrige Verwandtschaft
blickt begeistert in die Landschaft.
Und der Landschaft ist es recht.

Fortsetzung auf Seite 80

Fortsetzung von Seite 79

Um den Kopf weht eine Brise
von besonnter Luft und Wiese,
dividiert durch viel Benzin.
Onkel Theobald berichtet,
was er alles sieht und sichtet.
Doch man sieht's auch ohne ihn.

Den Gesang nach Kräften pflegend
und sich rhythmisch fortbewegend
strömt die Menschheit durchs Revier.
Immer rascher jagt der Wagen.
Und wir hören Vatern sagen:
„Dauernd Wald und nirgends Bier."

Aber schließlich hilft sein Suchen.
Er kriegt Bier, wir kriegen Kuchen.
Und das Auto ruht sich aus.
Tante schimpft auf die Gehälter.
Und allmählich wird es kälter.
Und dann fahren wir nach Haus.

zu S. 64, Modernes Märchen

Modernes Märchen

Sie waren so sehr ineinander verliebt,
wie es das nur noch in Büchern gibt.
Sie hatte kein Geld. Und er hatte keins.
Da machten sie Hochzeit und lachten sich eins.

Er war ohne Amt. So blieben sie arm.
Und speisten zweimal in der Woche warm.
Er nannte sie trotzdem: „Mein Schmetterling."
Sie schenkte ihm Kinder, sooft es nur ging.

Sie wohnten möbliert und waren nie krank.
Die Kinder schliefen im Kleiderschrank.
Zu Weihnachten malten sie kurzerhand
Geschenke mit Buntstiften an die Wand.

Und aßen Brot, als wär's Konfekt,
und spielten: Wie Gänsebraten schmeckt.
Dergleichen stärkt wohl die Fantasie.
Drum wurde der Mann, blitzblatz! ein Genie.

Schrieb schöne Romane. Verdiente viel Geld
und wurde der reichste Mann auf der Welt.
Erst waren sie stolz. Doch dann tat's ihnen Leid,
denn der Reichtum schadet der Heiterkeit.

Sie schenkten das Geld einem Waisenkind.
Und wenn sie nicht gestorben sind ...

zu S. 70, Verzweiflung Nr. 1

Verzweiflung Nr. 1

Ein kleiner Junge lief durch die Straßen
und hielt eine Mark in der heißen Hand.
Es war schon spät, und die Kaufleute maßen
mit Seitenblicken die Uhr an der Wand.

Er hatte es eilig. Er hüpfte und summte:
„Ein halbes Brot und ein Viertelpfund Speck."
Das klang wie ein Lied. Bis es plötzlich verstummte.
Er tat die Hand auf. Das Geld war weg.

Da blieb er stehen und stand im Dunkeln.
In den Ladenfenstern erlosch das Licht.
Es sieht zwar gut aus, wenn die Sterne funkeln.
Doch zum Suchen von Geld reicht das Funkeln nicht.

Als wolle er immer stehen bleiben,
stand er. Und war, wie noch nie, allein.
Die Rollläden klapperten über die Scheiben.
Und die Laternen nickten ein.

Er öffnete immer wieder die Hände
und drehte sie langsam hin und her.
Dann war die Hoffnung endlich zu Ende.
Er öffnete seine Fäuste nicht mehr ...

Der Vater wollte zu essen haben.
Die Mutter hatte ein müdes Gesicht.
Sie saßen und warteten auf den Knaben.
Der stand im Hof. Sie wussten es nicht.

Der Mutter wurde allmählich bange.
Sie ging ihn suchen. Bis sie ihn fand.
Er lehnte still an der Teppichstange
und kehrte das kleine Gesicht zur Wand.

Sie fragte erschrocken, wo er denn bliebe.
Da brach er in lautes Weinen aus.
Sein Schmerz war größer als ihre Liebe.
Und beide traten traurig ins Haus.

zu S. 71, Die Entwicklung der Menschheit

Die Entwicklung der Menschheit

Einst haben die Kerls auf den Bäumen gehockt,
behaart und mit böser Visage.
Dann hat man sie aus dem Urwald gelockt
und die Welt asphaltiert und aufgestockt,
bis zur dreißigsten Etage.

Da saßen sie nun, den Flöhen entflohn,
in zentralgeheizten Räumen.
Da sitzen sie nun am Telefon.
Und es herrscht noch genau derselbe Ton
wie seinerzeit auf den Bäumen.

Sie hören weit. Sie sehen fern.
Sie sind mit dem Weltall in Fühlung.
Sie putzen die Zähne. Sie atmen modern.
Die Erde ist ein gebildeter Stern
mit sehr viel Wasserspülung.

Sie schießen die Briefschaften durch ein Rohr.
Sie jagen und züchten Mikroben.
Sie versehn die Natur mit allem Komfort.
Sie fliegen steil in den Himmel empor
und bleiben zwei Wochen oben.

Was ihre Verdauung übrig lässt,
das verarbeiten sie zu Watte.
Sie spalten Atome. Sie heilen Inzest.
Und sie stellen durch Stiluntersuchungen fest,
dass Cäsar Plattfüße hatte.

So haben sie mit dem Kopf und dem Mund
den Fortschritt der Menschheit geschaffen.
Doch davon mal abgesehen und
bei Lichte betrachtet, sind sie im Grund
noch immer die alten Affen.

zu S. 75, Fantasie von übermorgen

Fantasie von übermorgen

Und als der nächste Krieg begann,
da sagten die Frauen: Nein!
und schlossen Bruder, Sohn und Mann
fest in der Wohnung ein.

Dann zogen sie, in jedem Land,
wohl vor des Hauptmanns Haus
und hielten Stöcke in der Hand
und holten die Kerls heraus.

Sie legten jeden übers Knie,
der diesen Krieg befahl:
die Herren der Bank und Industrie,
den Minister und General.

Da brach so mancher Stock entzwei.
Und manches Großmaul schwieg.
In allen Ländern gab's Geschrei,
und nirgends gab es Krieg.

Die Frauen gingen dann wieder nach Haus,
zum Bruder und Sohn und Mann,
und sagten ihnen, der Krieg sei aus!
Die Männer starrten zum Fenster hinaus
und sahn die Frauen nicht an ...